新資本主義
New Capitalism

郭洪紀／著
孟　樊／策劃

出版緣起

　　社會如同個人，個人的知識涵養如何，正可以表現出他有多少的「文化水平」（大陸的用語）；同理，一個社會到底擁有多少「文化水平」，亦可以從它的組成分子的知識能力上窺知。眾所皆知，經濟蓬勃發展，物價生活改善，並不必然意味著這樣的社會在「文化水平」上也跟著成比例的水漲船高，以台灣社會目前在這方面的表現上來看，就是這種說法的最佳實例，正因為如此，才令有識之士憂心。

　　這便是我們——特別是站在一個出版者的立場——所要擔憂的問題：「經濟的富裕是否也使台灣人民的知識能力隨之提昇了？」答案恐怕是

不太樂觀的。正因爲如此，像《文化手邊冊》這
樣的叢書才值得出版，也應該受到重視。蓋一個
社會的「文化水平」既然可以從其成員的知識能
力（廣而言之，還包括文藝涵養）上測知，而決
定社會成員的知識能力及文藝涵養兩項至爲重要
的因素，厥爲成員亦即民衆的閱讀習慣以及出版
（書報雜誌）的質與量，這兩項因素雖互爲影
響，但顯然後者實居主動的角色，換言之，一個
社會的出版事業發達與否，以及它在出版質量上
的成績如何，間接影響到它的「文化水平」的表
現。

　　那麼我們要繼續追問的是：我們的出版業究
竟繳出了什麼樣的成績單？以圖書出版來講，我
們到底出版了那些書？這個問題的答案恐怕如前
一樣也不怎麼樂觀。近年來的圖書出版業，受到
市場的影響，逐利風氣甚盛，出版量雖然年年爬
升，但出版的品質卻令人操心；有鑑於此，一些
出版同業爲了改善出版圖書的品質，進而提昇國
人的知識能力，近幾年內前後也陸陸續續推出不
少性屬「硬調」的理論叢書。

　　這些理論叢書的出現，配合國內日益改革與
開放的步調，的確令人一新耳目，亦有助於讀書
風氣的改善。然而，細察這些「硬調」書籍的出
版與流傳，其中存在著不少問題。首先，這些書
絕大多數都屬「舶來品」，不是從歐美「進口」，
便是自日本飄洋過海而來，換言之，這些書多半
是西書的譯著。其次，這些書亦多屬「大部頭」
著作，雖是經典名著，長篇累牘，則難以卒睹。
由於不是國人的著作的關係，便會產生下列三種
狀況：

　　1.譯筆式的行文，讀來頗有不暢之感，增加
　　　瞭解上的難度。
　　2.書中闡述的內容，來自於不同的歷史與文
　　　化背景，如果國人對西方（日本）的背景
　　　知識不夠的話，也會使閱讀的困難度增加
　　　不少。
　　3.書的選題不盡然切合本地讀者的需要，自
　　　然也難以引起適度的關注。至於長篇累牘
　　　的「大部頭」著作，則嚇走了原本有心一

讀的讀者，更不適合作爲提昇國人知識能
力的敲門磚。

　　基於此故，始有《文化手邊冊》叢書出版之
議，希望藉此叢書的出版，能提昇國人的知識能
力，並改善淺薄的讀書風氣，而其初衷即針對上
述諸項缺失而發，一來這些書文字精簡扼要，每
本約在六至七萬字之間，不對一般讀者形成龐大
的閱讀壓力，期能以言簡意賅的寫作方式，提綱
挈領地將一門知識、一種概念或某一現象（運動）
介紹給國人，打開知識進階的大門；二來叢書的
選題乃依據國人的需要而設計，切合本地讀者的
胃口，也兼顧到中西不同背景的差異；三來這些
書原則上均由本國學者專家親自執筆，可避免譯
筆的詰屈聱牙，文字通曉流暢，可讀性高。更因
爲它以手冊型的小開本方式推出，便於攜帶，可
當案頭書讀，可當床頭書看，亦可隨手攜帶瀏
覽。從另一方面看，《文化手邊冊》可以視爲某
類型的專業辭典或百科全書式的分冊導讀。
　　我們不諱言這套集結國人心血結晶的叢書本

身所具備的使命感，企盼不管是有心還是無心的
讀者，都能來「一親她的芳澤」，進而藉此提昇
台灣社會的「文化水平」，在經濟長足發展之
餘，在生活條件改善之餘，國民所得逐日上昇之
餘，能因國人「文化水平」的提昇，而洗雪洋人
對我們「富裕的貧窮」及「貪婪之島」之譏。無
論如何，《文化手邊冊》是屬於你和我的。

　　　　　　　　　　　　　　孟樊

　　　　　　　　　　　　於台北

目　錄

引　言

　　這幾年，「新資本主義」（new capitalism）的說法越來越多地見諸於報章媒體，讓人們對它既熟悉又陌生。熟悉的是，資本主義經歷了幾個世紀的發展，已經作爲活生生的現實滲透到世界絕大多數國家的社會結構中，深刻地影響和改變著人們的生存方式和生活方式；陌生的是，今天的資本主義到底是經濟手段還是社會模式，尤其「新資本主義」究竟又意味著什麼，仍然使人感到茫然不解。隨著新世紀的來臨，又出現了許多有關「新資本主義」的理論，包括「新經濟理論」的架構和「全球一體化」的實驗，如此一來，如何對當代資本主義作全面、客觀的分析，便成爲西方學術界的熱門話題。

　　其實，早在九〇年代開始，西方學者就試圖
對資本主義作出一種新的評價，像沃勒斯坦提出
的「歷史資本主義」、約翰・基恩提出的「晚期
資本主義」、諾瓦克提出的「民主資本主義」、哈
勒爾提出的「新資本主義」，以及最近洛文斯提
出的「自然資本主義」的概念等等，都將理論的
焦點對準資本主義的創新功能上。像歷史資本主
義和晚期資本主義的觀念，其特徵是強調資本主
義生產關係已出現了質的變化，如剩餘價值形式
的變化、准政治的雇傭結構的出現、政治體制合
法化的迫切需要等，這些變化的結果是合理性危
機代替了經濟危機，科層化的過程正深入國家和
社會文化的一切領域，而民主資本主義和新資本
主義的觀念則認為，現代資本主義的最大變化在
於，企業正在迅速發展成一種以自由主義為基礎
的新型制度，傳統的控制手段正在被逐步取消或
淘汰，權力的行使越來越傾向於依靠各種管理方
法、專業化和科學技術，它將改變整個經濟制
度，並最終改變資本主義社會本身，從而形成新
資本主義，並主張「新資本主義」的基本框架是

民主價值與自由企業制度的高度結合。

　　一般說來，這些理論的提出都強調自由主義思想和科學技術發明導致了工業文明取代農業文明，但在新技術革命的衝擊下，自由競爭的消費社會將面臨危機，資本主義最重要的因素——財產、家庭、代議制民主和自由契約制度等正在趨於解體，一個代替舊工業文明的後工業社會、資訊社會、知識社會正在來臨，這已成爲當代資本主義發展的最突出的特徵。另外，地球本身的有限要素，像陸地、空氣、水等生態條件，一直是資本主義賴以發展的基礎，自然資本被視爲工業製造和其他人類活動的無限資源，而工業資本主義正在迅速吞噬這些不可替代的自然資本，環境價值的受損將扼殺經濟潛力、就業機會和企業利潤。這也是考量新資本主義前景的重要前提。

一

　　可以說，工業時代的大多數物質成就和精神成就，都是以近代西方的經濟模式及文化模式作爲源頭和範本的，其中最具代表性的有科學理

性、民主政治、法權觀念以及自由市場經濟等等，都構成了資本主義世界體系的重要內容。

　　馬克斯・舍勒（M. Scheler）曾指出，資本主義首先不是財產分配的制度，而是整個生活和文化的制度，這一制度源於特定的生物心理類型人（即資產者）的目的設定和價值評論，並由市民觀念和市民道德來傳承。（註一）正是在財產得到保障和勞動力源源不絕的情況下，資本主義制度下的生產力才得以充分發揮，資本的利益也有可能達到最高的水平。因此，在奉行自由政策（laissez faire）的資本主義社會，「財產神聖不可侵犯」與「勞動者生存權利保障」只能同時存在，這就必然導致國家性質的中性化（class-neutral），這樣的社會必須為公民提供妥善的福利，並避免使勞動者淪落到極度貧困的境況。

　　英國學者約翰・基恩（John Keane）認為，從十九世紀末開始，資本主義力求支配自然界的趨勢在加速，到了由生產性知識引導的固定資本取代直接的、活的、勞動力的程度，而晚期資本主義的官僚化過程正是為了徹底壟斷整個社會和

政治生活，並且從社會的勞動領域之外撲滅自由的和有目的的交換。^(註二)哈伯瑪斯（Jürgen Habermas）強調指出，日常生活的現代化和產業無產階級的形成，取決於資本主義秩序強制消滅農民和手工業者的文化，這種出自如何維持高增長的資本積累和生產者的生產動機方面的考慮，反映了西方現代化過程中的一個重要特性。所以，構成社會主義思想的，是克服資本主義合理化過程的簡單化的可能性。紀登士（A. Giddens）也認為，社會主義的吸引力歸功於資本主義的缺點，反之亦然，他指出，「馬克思理論的力量在於它解析了十六至十七世紀歐洲傳統的經濟企業模式的一次巨大而又劇烈的轉變。」^(註三)

實際上，自由放任、弱肉強食的工業資本主義經濟形式，在成功地促進物質增長的基礎上，雖然消除了生產組織內部的固有矛盾，卻使得其他社會矛盾表面化了，而這都是來自利益競爭與道德責任的兩極衝突這一古老命題。所以貝爾（Daniel Bell）把這種極性說成是「資本主義的文化矛盾」，即賦予自由企業動力的技術資金的市

場需要與民主理想包含的人類福利、公平與合作之間的矛盾。[註四] 賴克（Robert Reich）也把「企業價值與市民文化之間的矛盾」看成是資本主義發展過程中必須克服的內在癥結。[註五] 美國學者哈勒爾（W. E. Halal）就此指出，「正像我們在工業時代付出的痛苦的代價所學到的，光有自由企業或光有民主價值會使社會陷入兩個極端，一個極端是殘酷剝削引起的衝突，另一個極端是好心和寬容引起的幻想」。[註六]

埃利亞斯（Norbert Elias）在《文明的進程》一書提出，「文明」這一概念實際表達了西方國家的自我意識，或者說是民族的自我價值，它包括了西方自以為在近三百年內所取得的一切成就，西方資本主義正是藉由文明的概念來凸顯社會自身的特點以及那些引以為自豪的東西，即他們的技術水準、他們的禮儀規範、他們的科學知識以及世界觀的發展。他進而提出，「由於西方工業強國在傳統的民族自我意識和共同的理想中總是習慣於把本民族的文明和文化視為全人類的最高價值，並常常被用來證明本民族對其他民族

的統治要求。所以，當二十世紀下半葉那些非工業化國家的力量相對發展時，老牌工業國家的自我意識和對統治的要求便發生了動搖。」[註七]

哈勒爾認爲，美國現在正處於西方文明的艱難轉變中，正在發生的情況是，「當生育高峰期出生的一代人成熟起來向不滿足的現狀挑戰時，矛盾便更加突出了，他們提出了能夠替代舊資本主義的文化標準：即重視環境、輕視過分的實利主義、個人的自我實現、比較簡單的生活方式，以及被當作嬉皮士的聲名狼藉的反文化標誌，這似乎表明，「美國人民已經開始對國家爭取無限經濟增長的能力表示極大懷疑。因此，一個更有爭議和痛苦的社會淨化時期粉碎了被證明是非常空虛的舊式的美國富裕夢。」[註八]他形象地提出，幾百年來成功地引導西方取得工業進步的資本的力量已經緩慢而不太引人注目地衰退了，只留下一個使危機永遠存在的徒有其表的外殼。而「舊資本主義」像工業化時代的「破舊汽車」一樣已經四分五裂，「新資本主義」則包括一份經過改進的汽車設計藍圖和一份整個交通運輸系統

的行車圖。或者說，「新資本主義」完全可以被
理解爲顯示某種更高級的理性前景，這種前景意
味著過去那種把注意力全部放在經濟的物質方面
的「舊工業領域」的消亡，而更高級的經濟生活
意味著更高程度的私營企業和經濟，更加複雜的
制度結構，強大的資訊系統和明智的自身利益。
而且，不可抗拒的知識資訊時代的到來，正在把
社會變革推向一個將自由企業和民主價值觀聯合
起來的方向，它要求整個社會既要有經濟效益，
又要承擔社會責任。

　　爲發展更有效的政治經濟體制，超越現有的
「舊資本主義」和「舊社會主義」的僵化的意識
形態，尋找解決日益嚴重的世界性危機的辦法，
所以各種政治經濟實驗的混合正在興起，混合經
濟正在成爲連接資本主義和社會主義之間的世界
秩序，多元道德也成爲溝通自由主義與集體主義
之間價值差異的文化基礎。哈勒爾指出，「全球
性危機不可避免地提出的挑戰是要把資本主義和
社會主義的意識形態綜合成一個共同的概念框
架，在這個基礎上建設一種一體化的世界經濟。

所以，當『民主的自由企業』這樣的體制出現時，它將不僅是『新資本主義』，也應該是『新社會主義』。」[註九]

二

　　資本主義和社會主義作為意識形態，都是近代民族國家形成以來出現的不同取向的價值符號，是兩種有關現代化政治制度的理念。儘管對這兩種制度的選擇已不再具有對抗的意義，但這並不能取代民族國家的利益訴求和公民訴求。在很大程度上，第三世界的再度興起，是對社會主義或資本主義作出唯一選擇時的一種妥協，它似乎是在蘇聯式的集權體制與歐美式的自由放任之間尋找一條出路，或者說，是在共產主義理想的社會公平與資本主義現實的生產效益之間謀求一種融合之道。哈勒爾這樣描述世界體系的緩和趨勢，「在當今的世界上，『共產主義』和『資本主義』都不再是可以用來組織社會的哲學體系，除非我們改變概念框架，否則我們注定要採取一系列得不到控制的軍事行動和反行動。」[註十]

　　根據湯因比（A. J. Toynbee）的分析，從十七世紀開始，由於基督教的衰退而出現的空白，是由另外三種信仰來填補的，「其一是因科學技術的有組織應用必然帶來的社會進步的信仰；其次是民族主義（nationalism）；再次是共產主義（communism）。」[註十一]以此為出發點，二十世紀發生的兩件最重要的政治事件表明，右翼民族主義和左翼共產主義先後受到削弱，而人類對社會進步和工業文明的信念仍在加強。這兩件深刻影響人類社會的政治事件，一是二十世紀上半期的德國法西斯陣營的垮臺，象徵了右翼極端派的覆滅，二是二十世紀下半期的蘇聯東歐集團的瓦解，又象徵了左翼激進派的消退。這些事件帶來的啟示，不僅宣告了理想主義的「歷史目的論」的破產，而且成為人類擺脫悲慘境遇的最佳表述。

　　布熱津斯基（Abighitw Bizeziski）曾在法國《評論》雜誌撰文，認為極權主義概念雖然揭示了德國納粹主義與蘇聯共產主義之間的某些共同特徵，如國家控制經濟及全部社會生活、一黨獨

裁體制、意識形態專政、秘密警察恐怖等等，但
並不能眞正說明共產主義與納粹主義的不同，因
爲納粹是公開的反智主義和反理性價値的，並且
是極端的反猶主義者，而共產主義提倡公開的無
神論，並且公開地把「烏托邦」做爲一種美好事
物來追求。概括起來，以蘇聯爲模式的國家主義
實踐普遍具有政治高壓、經濟貧困、官僚腐敗、
人民無權、文化單一、社會群體對立等特徵，顯
然這並不是個別國家的個別現象，而是一個具有
普遍意義的結構性或制度性問題。

　　在一般意義上，世界歷史和人類歷史的特殊
的、唯一的、深刻的主題，仍然是信仰與非信仰
的衝突。在認識資本主義的客觀作用和能量的同
時，馬克思一直認爲資本是骯髒的，貨幣猶如
「世界性的妓女」，「在不同的男人和不同民族之
間投懷送抱」，沒有一點道德可言，他因此深信
一個在全球範圍內製造貧富分化、破壞環境、爭
奪資源以致不斷走向局部戰爭的制度不可能萬世
長存，而最終會由「無產階級國家」所代替。然
而，實踐中的「消滅私有制」並不能保證沒有剝

削、壓迫和異化，將一切經濟資源和社會權力以「公有制」名義集中在少數精英手中，更無法保證會出現一個公正合理的社會。

從八〇年代後期開始，一個改名浪潮將蘇聯東歐的社會信仰體系推向了崩潰的邊緣，這標誌著蘇聯模式的「社會主義」已經失去其現實性，而理論上的「共產主義」則被各式各樣的社會黨思潮所繼承，並經過一番調整正以各種形式捲土重來。隨著文化系統的重新塑造，作為國家合法性的意識形態遭受了無情的侵蝕，這是「後烏托邦時代」面臨的一種冷峻的選擇。在西方自由主義意識形態似乎占了上風的情況下，「後共產主義」克服了左派理論家的悲觀和幻想，增加了用自由市場經濟來解釋系統並賦予活動的能力，這為新左派參與政治干預和社會改革提供了新的機遇，而強調個人價值的特殊性與普遍主義的烏托邦精神之間的和諧，成了當代那些轉型國家的流行觀念。

可以說，西方福利國家的許多成就其實就是工人運動長期鬥爭的結果，也多少歸功於一百多

年來西方社會主義運動帶來的壓力和刺激，這種強調不破壞社會現存關係的合理性鬥爭，不僅為工人爭取了具體利益，也為鞏固工人權利提供了政治制度的保障。然而，在蘇聯模式下，消滅資本主義的實驗卻帶來人們意想不到的後果，伯爾曼（Marshall Berman）因此指出，「我們可以看到，東歐的共產主義集團為保住自己的地位，是如何扼殺掉當初造就它的那些積極、進取和發展的力量，而人們原來想藉之而實現的一些希望也被出賣了，並以新的名義重現資產階級社會的不公和矛盾，看到馬克思對現代性的邏輯論證重現了他所描繪的社會命運，產生了把它化成煙雲的能量和思想。」(註十二)

隨著資本主義全球化和國際間貧富差距的拉大，將促發人們對後烏托邦時代的更多思考，而「新社會主義」的現實性在於：它正在產生一種將昔日理想藍圖化成一片煙雲的能量和思想，藉以燭照人類解放道路的曲折與艱難。可以肯定的是，它迫切需要從文化制度更新的環境中汲取新的能量，並以提高生活質量和社會就業保障作為

福利增長的目標，從認同西方自由經濟及市場規律的社會環境出發，強調「市場經濟加憲政民主」的轉型模式，並演化成為一場馬克思主義內部的「新教運動」，它從生活觀念到工作倫理，從價值取向到社會規範，都帶有與正統意識形態截然不同的思想傾向。否則，如同《共產黨宣言》所預示的，它們將「再也不能去支配自己用符咒呼喚出來的魔鬼了」。

三

　　在未來的發展中，人類社會雖然在經濟生活方面呈現越來越明顯的一體化趨勢，但在文化精神方面則必然出現一個多元化的格局。混合模式的出現代表一種能溝通不同社會的世界秩序，但它隱含了一種合作、控制和對抗的關係，而各種文化為了維持其特徵，為了自我肯定而處於矛盾和衝突中，全球化的發展越是擴展到世界的每個角落，這種矛盾和衝突就越是顯露出來。它表明，各國人民在選擇新的現代化道路時，一是不會放棄民族訴求，二是不會放棄公平訴求，這是

二個基本的趨勢。民族訴求代表了民族國家對共
同利益的追求，公平訴求體現了社會群體對基本
價值的取向，按照埃利亞斯的解釋，人們使用
「文明」一詞，首先是指人的行為和舉止，指人
的社會狀況，以及人們的起居、交際、語言、衣
著等等，「文明」更接近於反映人的存在價值，
而「文化」一般不是指一個人的存在價值，而是
某些特定的由人類自身所創造的價值和特性。
(註十三) 在深層意義上，文明的確認，並不僅僅是
一種文化外在形態的延續，如制度的沿革、宗教
的演變、風俗的更新等等，在本質上，是人類的
內在品質和價值要求的不斷延續。或者說，文化
的本質是活躍在人類群體中的內在特質和價值要
求，而不同生命群體的精神特徵的凝聚擴大，又
會構成文化的同質性和同一性。這種文化的統一
性也可以看成是人類融合趨勢的最本質的表述。

　　全球一體化的趨勢與工業資本主義的發展模
式是相互涵蓋的，前者的加強就意味著後者的無
孔不入。這種趨勢會從思想、價值、倫理、風
貌、服飾、審美等各個方面模糊族群之間的界

限，擴大人民之間的思想交流，縮小不同民族之間的差距。由於兩極化的世界體系是基於利益的不平等分配而建構起來的一種秩序。因而，那些處於最不利位置的地區之間必將發生爭鬥。如果高收入地區同低收入、被剝奪地區形成直接的對抗，那麼就會產生破壞性後果。

　　從地緣政治格局的變化來看，包括中國在內的「後烏托邦實驗」正在深刻地改變著自己的社會文化結構，並以不同面貌在各自的社會重現共產主義理想原欲消除的壓迫和不公。而舊資本主義作為工業時代的象徵，其內在的矛盾已越來越突出，資本的力量也越來越衰退，使人們有理由質疑西方文明的未來，並憧憬一個既有經濟效益、又要承擔社會責任的「新資本主義」的前景。在這個意義上，不同制度和意識形態能否綜合成一個共同的概念框架，將引發人們對新世紀人類主題的思考。

　　特別是在中國這樣一個沒有資本主義傳統的農業文明國家，如果在摧毀西方文化價值的現實性方面粉碎了一切道德和理想，或者在質疑社會

傳統價值的普遍性時，又拔除了所有追求權利平
等與人身解放的思想根柢下，顯然是無法建構根
植於中國土壤的精神價值系統。步入二十一世紀
的中國，需要更加鮮明的思想解放及文化制度創
新，舊有的思想範疇，已經不能滿足社會繼續改
革的需要。艱難曲折的改革進程表明，企望在中
國重蹈蘇聯東歐式的「舊社會主義」是不現實
的。那麼，當「舊資本主義」的觀念在西方已逐
漸消解的今日，卻去重蹈西方資本主義初期的
「殘酷競爭機制」就顯得更加過時了，而歷史的
邏輯已經使「人人都有平等發言權和競爭機遇」
的民主價值和權利觀念普及化，且不再單純地被
視爲是資本主義的東西。

　　在那些能夠汲取的人類理性資源中，不僅涉
及經濟方式的現實選擇，也涉及到文化建構的未
來預見。雖然「新資本主義」並不是一種具體的
社會理想，或是對人類社會發展方向的具體描
繪，但它作爲工業理性及文化特徵的歷史見證，
在全球性的文化交鋒或融合過程中，會逐漸取得
一種普遍認同的地位，並促進人類理想的再生。

注釋

註一：馬克斯・舍勒：《資本主義的未來》，北京三
　　　聯書店，1997。

註二：約翰・基恩：《公共生活與晚期資本主義》，
　　　社會科學文獻出版社，1999。

註三、註十一：吉登斯：《民族國家與暴力》，北京
　　　三聯書店，1998。

註四：丹尼爾・貝爾：《資本主義的文化矛盾》，北
　　　京三聯書店，1989。

註五：羅伯特・賴克：《國家的作用》，上海譯文出
　　　版社，1994。

註六、註八、註九、註十：W. E. 哈勒爾：《新資本
　　　主義》，社會科學文獻出版社，1999。

註七、註十三：諾貝特・埃利亞斯：《文明的進
　　　程》，北京三聯書店，1999。

註十一：《展望二十一世紀──湯因比與池田大作
　　　　對話錄》，上海譯文出版社，1997。

註十二：Marshall Berman, *All That is Solid Malts in to
　　　　Air: The Experience of Modernity*. New
　　　　York Penguin Books, 1988.

第一章　重新定義──
工業資本主義的功過

　　在傳統的意識形態範疇，「資本主義」
（capitalism）一詞基本上是一個政治術語，與商
品經濟、雇傭勞動、近代工業化等並不是同義
語，即使在西方資本主義社會，人們對於什麼是
資本主義也很難有一個公認的概念，這就增加了
對資本主義討論的難度。

　　根據法國學者費南德‧布羅代爾（Fernand
Braudel）的考證，資本主義一詞其涵義一向不
明確，此詞最早出現於1753年版的法國《大百科
全書》，然後在十九世紀被一些社會主義者使用
過。1958年版的《大英百科全書》的定義是：
「資本主義是一種產品生產屬於個人或私有企業

的經濟制度。」但保守的西方經濟學家一直反對
使用這個詞。令人驚詫的是，馬克思本人從未使
用過這個詞，而在二十世紀初卻在俄國流行起
來，並隨著二十世紀各國民族革命的深入，「資
本主義」一詞也越用越廣泛，最終成爲意識形態
衝突的分界線。

　　進入九〇年代以來，根據變化了的國際資本
形象，西方學者試圖對資本主義作出一種新的評
價，像華倫斯坦提出的「歷史資本主義」、約
翰‧基恩提出的「晚期資本主義」、諾瓦克提出
的「民主資本主義」的概念等等，其特徵是強調
資本主義的生產關係已出現了質的變化，諸如剩
餘價值形式的變化、准政治的雇傭結構的出現、
政治體制合法化的迫切需要等，變化的結果是合
理性危機代替了經濟危機，科層化（stratification）
的過程正深入國家和社會文化的一切領域。自由
放任、弱肉強食的工業資本主義經濟形式，在成
功地促進物質增長的基礎上，雖然消除了生產組
織內部的固有矛盾，卻使得其他矛盾表面化了，
而這一切都是來自利益競爭與道德責任的兩極衝

突的結果。所以，丹尼爾‧貝爾把這種極性衝突
說成是「資本主義的文化矛盾」，即賦予自由企
業動力的技術資金的市場需要與民主理想包含的
人類福利、公平與合作之間的矛盾。羅伯特‧賴
克也把「企業價值」與「市民文化」間的矛盾看
成是資本主義發展過程中必須克服的內在癥結。
華倫斯坦則強調資本主義文明的沒落，主要體現
在資本累積的困境、政治合法性的困境以及地緣
文化論調的困境方面，這些不斷增加的壓力決定
了資本主義的前途。

第一節　資本與創造

按照布羅代爾的說法，「資本主義」一詞從
二十世紀初才開始廣泛使用，最早見於1902年出
版的威納爾‧桑巴特（Werner Sombart）的著作
《現代資本主義》（*Dermoderne Kapitalismus*）。書
中提出，在產業革命之前，資本主義並不存在，
而資本（capital）卻始終存在於不同時期人類的
經濟活動中。布羅代爾就此指出兩種類型的經濟

活動：一種是普遍的、競爭性的、幾乎透明的；另一種是高級的、複雜周密的、具有支配性的。兩類活動的機理不同，資本主義的領域所包含的不是第一類活動，而是第二類活動。

從理論上講，資本是一個歷史範疇，它泛指那些為從事生產而投入的要素，包括了貨幣、原材料、勞動力成本，以及由知識產生的創造力等等。資本的概念曾是東西方意識形態論爭的焦點，像馬克思主義拒絕將貨幣、生產資料之外的土地和勞動視為資本，僅強調資本是剩餘價值的源泉。若從企業角度看，資本是生產廠商的總財富或總資產，因而包括有形資產、資本貨物；也包括無形資產，如商標、專利等，因此資本也是生產其他物品和勞務所必須的資源。

馬克思是從資本的原始積累開始，著重於英國典型的資本主義制度的分析，他這樣寫道：「在其他一切條件都不變時，使用的生產雇傭工人越多，生產的規模就越大，剩餘價值或利潤也就越大。反過來，情況也就相反。而農民只要死了一頭母牛，他就很難再按照原來規模再生

產。」所以馬克思指出，「小土地所有制的前提
是，人口的最大多數生活在農村，而占統治地位
的不是社會勞動，而是孤立的勞動，在這種情況
下，再生產及其物質條件和精神條件的多樣化和
發展都是不可能的，因而也不具有合理耕作的條
件。」（《商業利潤》，馬克思恩格斯文集23卷，
334頁）

　　對於中世紀來說，尤其重要的是領地的公有
化，這是許多貧窮農民賴以為生的公共福利。然
而，由於英國從十一世紀開始了羊毛業的生產，
使領主們紛紛開闢牧場養羊來因應勞動力的缺
乏。主因在於養羊獲利豐厚又節省勞動力，於是
大部分領主都相繼將耕地改為牧場，並且進而圈
佔公有地作為私人的牧場。正是在這個大轉變
中，圈佔公有地初步摧毀了英國舊社會的基礎，
即鄉村中的封建生產關係。由於當時的領主自營
地是以直接剝削農奴的勞役地租為基礎，因而並
不具備勞動的資本形式，只是隨著貨幣地租的普
遍化、造成領主自營地的縮減，甚至導致莊園制
的逐漸衰亡。所以，貨幣地租的實施具有重要的

社會意義。一方面，它呈現出領主與農民關係的變化，習慣關係變成契約關係，成為農民脫離人身依附的開端。另一方面，它象徵了商品化開始侵入到農村社會組織中，使土地集中化成為可能，這樣有利於資本的社會積聚，大規模的畜牧和科學的不斷擴大的應用。

　　從西元前一世紀到十七世紀中葉的歐洲各國，馬克思即是按照「政治歷史事件」將社會形態加以劃分的，這包括：研究典型古代奴隸制度；封建制度的產生與建立及經歷了全盛時期的封建制度危機；貨幣成為主宰的社會力量；黃金熱橫掃歐洲，隨著對黃金的追逐，造成地理大發現等。於是，在西歐內部的社會結構中，構成了資本主義發展的前提。可見，馬克思是從「政治經濟學」的角度來探討資本原始積累的，他的視野著眼於英國早期的「圈地經濟」，因而拒絕將貨幣和生產資料之外的資源視為資本的要素，資本主義的發生自然被解釋成為純粹的政治過程。

　　由於資本的要素並非是單一的，因而一些西方學者更多的是從創造力的源泉來考量資本的作

用，這使得人們對資本主義發展過程有了更爲清晰的瞭解。例如，從美國早期社會入手，研究美國「牛鎭經濟」的狀況，又與英國「圈地經濟」的概念不同。「牛鎭」是自由主義市場經濟的典型產物，其特徵是：第一，大批牛鎭爲美國早期貿易開闢了更廣闊的市場，促進了規模化畜牧產業的崛起；第二，以牛貿易爲核心的城鎭經濟有了迅速的發展——雜貨、服裝和旅店等服務性行業成爲牛鎭經濟的重要組成部分，鐵路、銀行也相繼出現；第三，牛鎭不斷進行市政機構建設，制訂法律維護治安秩序，在此基礎上發展成健全且穩固的西部城鎭。這些城鎭作爲西部與東部的聯繫紐帶，又推動了肉類加工包裝和罐頭製造業的發展。總之，從十九世紀初至二十世紀初，是美國工業革命迅猛發展並向工業資本主義過渡的大變革時期。「牛鎭經濟」經歷了向城市化、工業化的轉變，形成了以大工業爲主幹的各種經濟形式的西部經濟區。

與馬克思不同，韋伯（Marx Weber）從宗教倫理和工業理性的層面分析資本主義精神。他認

為，資本主義是一小部分人的特權，然而沒有社會的積極協從，其存在是不可想像的，全社會必須以某種方式，帶著或多或少的清醒意識接受資本主義的價值。韋伯指出，從字眼的現代意識來講，資本主義恰恰就是新教（protestantism）的產物，即清教主義的產物，而工業革命（industrial revolution）就像一個旋轉著的輪子，或是一個旋轉著的星球的運動，為資本主義提供了強大的動力。在這個意義上，資本主義是新教精神、工業革命和科學理性的產物。

從物化的角度看，資本主義固然是建立在資本的基礎之上，然而，沒有創造力的激發和追求財富的欲望，資本主義精神是不可想像的。這可以從地理大發現的活動中得到證實。在中世紀末期，由於科學知識的不斷豐富、簡單航海器具的創造與使用及造船技術的不斷發展，使橫渡大西洋具備了可靠的物質基礎。在航行大西洋計畫的醞釀和實施過程中，精神文化的因素也是不能低估的。這裏，一是文藝復興時期的理性主義和唯物主義的精神觀念；二是彌漫於中世紀的基督教

神話傳說和神學思想，這些都構成了激勵人們遠航探險的獨特文化氛圍。而做為傳奇英雄的哥倫布，既保持了中世紀騎士式的護教傳統，又富於新興資產者的冒險精神。這樣，履行聖徒的信念與追求財富的夢想驅策著哥倫布，不斷地組織遠征重洋的十字軍去尋找黃金的聖杯。

功利目的也是資本主義精神的來源之一，像邊沁（J. Bentham）把功利主義置於人性的基礎之上，確信人類一切行為都要受到兩種因素的影響和支配，即「痛苦」與「快樂」的支配。人的本質是「趨樂避苦」，這是人類行為的基本規律。羅素也說：「科學提升人類對自然的控制力，因此理應提升人類的幸福與快樂，不過只有在人類保持理智時才行。可惜人類卻受激情與本能驅使。」所以，從這一前提出發，追求快樂成為人生的最終目的，阻礙這一目的的東西就是錯誤的，就是邪惡。反之，促進這一目的的東西就是正確的，就是良善。是生命的追求將痛苦和快樂從虛空的精神意義中解脫出來，把它們同個人利益與欲望結合起來，反映了工業革命以來唯利

是圖、人欲橫流的時代精神，使功利主義成爲一
切創造活動的源泉。

　　工業革命從十八世紀初最重要的工業品——
紡織品開始，在短期內絕大多數製造過程實現了
機械化。之後，又使諸如紙張、玻璃、皮革、磚
塊、鐵器、槍枝的生產迅速實現機械化，以及由
蒸汽機提供動力。工業革命的社會後果是出現了
工廠和工人階級，並對家庭帶來了影響。事實
上，家庭危機始於工業革命，而不是資本的原始
積累時期，狄更斯的小說《艱難時世》就眞實描
述了工廠與家庭的分離，以及這種分離對兩者的
影響。

　　嚴格來講，在工業革命之前，印刷革命的作
用也是不可低估的。印刷業的出現徹底改變了歐
洲的精神和心理狀態，如十六世紀時，新的印刷
技術是以出版馬丁・路德的德文《聖經》爲標
誌，宣告了新社會的出現、宣告新教的興起，路
德深思熟慮地利用新的印刷方法，使宗教重新成
爲每個人生活的中心和社會交往的中心。幾乎就
在同時，馬基雅弗利撰寫的《君主論》，也成爲

公開利用印刷術傳播叛逆思想的另一本暢銷書，
這是第一部既不包含任何《聖經》引用語，也不
提出任何古代作家有關論述的世俗政治論著。以
後，隨著印刷術的推廣，出現了大量的純粹世俗
的作品，包括小說、科學、歷史和政治方面的圖
書，以及後來的經濟學方面的著述。

　　中世紀的煉金術士從來沒有學會把鉛變成金
子，但資本主義卻在很大程度上把貪婪變成了社
會福利，這就是亞當‧斯密所說的財富創造的原
則，是自由市場競爭使自私自利成為公共福利的
來源。自工業革命以來，在大約一個世紀左右的
時間裏，西方工業國家收入增長了幾十倍，從多
數人每年只靠幾百美元維持生活，到現在每個家
庭收入達到平均三萬美元以上，而每週的平均工
作時間卻從70小時縮短到了不滿40小時。有史以
來，人類生存的基本需要第一次得到了合理的滿
足，人的壽命延長了一倍，物質生活也普遍變得
舒適起來。這些前所未有的經濟成果，主要歸功
於資本主義的潛在能力，即「資本」、「權力」、
「利潤」的文化意識形態，這是資本主義的精神

支柱。

　　雖然資本主義的惡劣本質曾經造成了大蕭
條、激烈的工人鬥爭和野蠻的壟斷，但作爲一種
繁榮的經濟形式，同時保留了相當大的活力和自
由。資本主義有力地顯示出它在提高生活水準方
面的能量和魔力，以至成爲近代文明的典範。尤
其是在資本主義信念的極盛期，美國一躍成了世
界工業的領袖，技術和管理技巧的聖地，乃至資
本主義帝國公認的中心。

第二節　利潤與夢想

　　資本不斷累積是資本主義文明的根據和中心
活動，它的基本內涵在於利潤最大化，也就是累
積最大化，這樣就必須要壟斷生產，壟斷的程度
越大，總生產成本和實際銷售價格之間出現巨大
差距的可能性就愈大，所以壟斷引起了競爭，競
爭又必須打破壟斷和高利潤，這在一定程度上反
映了資本主義經濟活動的週期性。

　　自由市場經濟具有一種內在的行爲準則，而

每個人必須遵守這種準則。例如，當價格上漲致
購買者減少購買時，而銷售者卻無法增加銷售，
當價格下降，購買者欲增加購買時，銷售者卻極
力減少銷售，這樣一來，購買與銷售之間構成了
一種難以調和的矛盾，雖然這不是道德所能解決
的問題，卻意味著人們在從事經濟活動時，必須
理性地和最大化地分配他們的利益，亦即分享各
自應得的利潤。

　　利潤是指企業總收益與總成本之間的差額，
是企業生產者追求的唯一目標。利益最大化原則
（maximumprofit principle）是指生產廠商為實現
最大利潤所必須遵循的邊際收益等於邊際成本的
原則。當邊際收益大於邊際成本時，廠商自然願
意繼續擴大生產，使總利潤隨產量的擴大而增
加。反之，當邊際收益小於邊際成本時，廠商就
不會再增加產量，反而會減少產量來維持總利
潤，當邊際收益等於邊際成本時，廠商不可能再
透過增減產量來增加總利潤。這時，在相對的產
量平衡點上，廠商得到的利潤最大。

　　在一般情況下，每當利潤減少的時候，廠商

就會單獨地和集體地尋找壟斷生產部門的辦法。
有三種做法是可行的，而它們都有助於提高利潤
的總水平：一是降低有競爭力產品的成本；二是
為有競爭力的產品找到新買主；三是開發新產
品，而這些新產品要在相對壟斷的情況下生產，
並且有廣大市場。這裏，降低成本的途徑包括進
一步機械化、改變法律或習俗使實際工資下降，
或者到人工成本較低的地區生產。但是，這些做
法又將同另一種增加利潤的做法相抵觸，即增加
有效需求，為了增加有效需求，勞動力投入的報
酬總水平又必須提高。在西方國家，往往採取政
治性措施來提高有效需求，即提高工資水平，社
會福利水平或國家控制的再分配水平。

　　經濟既是一種社會活動，也是一種金融活
動，而建立物質基礎必須依靠資本投入。過去，
土地是農業經濟最關鍵的資源，但在工業社會，
利潤極端重要。利潤成了公共福利的最高標準，
或者說，利潤成為公司企業的命根子和整個經濟
的最基本概念。因為至少從理論上來講，最大限
度的利潤應該為公眾帶來最大限度的好處。在力

求增加利潤的同時，企業應該努力滿足社會的需要，以便增加銷售；企業還應有效地利用土地、勞動力、資本和其他稀有資源，以降低生產成本，這樣就構成一種爭取工業效益的自我指導標準，即利潤動機應自動地產生最大的社會效益。已經過世的美國前總統尼克森這樣寫道，所有的美國人都將從利潤中得到好處，更多的利潤刺激了產生工作職位的發展，更多的利潤意味著更多的投資，可以使我們的商品在美國和世界上更有競爭力，而且更多的利潤意味著更多的稅收，可以用來支援各種幫助窮人的計畫，這就是美國經濟較高的利潤會有利於每一個美國人的原因。

可是，如果企業真正進行競爭，爭取利潤的鬥爭就會引起嚴重的衝突和市場混亂，在這個意義上，資本主義是一種利潤加虧損的制度，在這種制度下弱小的公司都被擠垮了。利潤鼓勵無情的衝突，造成混亂的市場，使政府干預成為必要。因為對利潤的熱心追求已經變成一種痛理性壓迫感，通常給人的印象是：大公司是遊戲在金融的大洋上追逐貨幣的海盜。利潤動機已經變成

一個對社會和企業來說都產生不良效果的有限目標，而貪婪只會產生一小撮不幸的大贏家和一大批焦慮不安的小輸家。所以大多數商人和生產者都憎恨競爭，因為「對某人的競爭，就是壓低他的價格、減少他的利潤，並企圖奪取他的市場，用破產來威脅他和危害他家庭的未來的人」。

　在工業資本主義的條件下，對利潤的追求來自人們長期形成的產品依賴性，所以誰是商品的生產者，誰就可以隨心所欲的利用社會需求來謀取自身的利益。而後工業時代的特徵正在使社會、智力和政治等方面的資源變成決定企業成功與否的主要因素。雖然大煙囪工業仍然在為生存而奮鬥，儘管它們有大量的資本，可是，越來越多的跡象顯示，幾百年來成功地引導西方取得工業進步的資本力量已經緩慢而不太引人注目地衰退了。現在的情況是，政府官員、經濟學家和管理人員已經注意到一心把資本投資看成經濟復甦的關鍵已是一個錯誤，即單靠資本不可能解決問題的時代到來，這個時代正在改變著生產的關鍵因素。雖然利潤動機的神話繼續存在，然而這種

勝利只是一種空洞的勝利，它會造成一種不會產生預期效果和往往不能容忍的孤立狀態存在。

事實上，在過去的幾十年裏，利潤動機在公眾心目中的合理性已經大大降低，一些人甚至把利潤看成是邪惡的東西，因為對利潤的無限追求破壞了他們的人性，並使十足的貪婪合理化。所以，在有著各種微妙要求的相互依賴的現代社會裏，追求利潤必然使牟利者脫離社會，妨礙生產性合作，造成經濟滯脹，甚至不能產生真正的利潤。

資本主義經濟活動的進行，一是有賴於國家力量的干預，即透過預算、財政和再分配等手段，使個別生產者獲益，以對付一切競爭；二是生產者還要依靠習俗。習俗塑造品味，創造市場，就像廣告和推銷都是習俗的產物，還有幾百年間建立起來的社會化機構，決定了資本主義體系的實際運作。但是，資本主義也是在犧牲了失業工人和衰敗企業的利基上，來降低工資要求，即是說，只要造成一種足夠深刻、足夠長久的衰退，就能戰勝通貨膨脹，但這種方法猶如給病人

放血，它只能解決了一些表面性的問題，卻由於
使生產資料閒置和因招致難以察覺的社會損失而
加重了病情。

美國學者哈勒爾（W. E. Halal）就此指出，
現代經濟處於一種危機狀態，不是因為它做得不
好，而是人們觀察世界的方法已不再適用。這種
迷失方向的原因是美國人依靠在另一個時代形成
的、現在不再適合的思想和假設生活著，它終於
引起了經濟衰退的潛在的合乎邏輯的困境，包括
增長的困境、權力的困境、利潤的困境。他認
為，這些困境說明資本主義正受到舊工業時代過
去神話般的理想和後工業社會的未來日益擴大的
差距所影響，而物理技術的不斷發展和物質消耗
的不斷增加，已經引起了可怕的煙霧、擁擠、污
染、能源危機和緊張的生活，而人們則渴望像清
潔的空氣和水、令人滿意的工作和社交這樣一些
簡單的樂趣。

以利潤為主的資本主義產生於過去的工業時
代，當時為滿足匱乏時期的基本需要所遇到的困
難，使物質財富變得特別重要。現在則使更高級

的需要處於突出的地位，人們將始終維護他們自身的利益，不希望企業拿他們的資本冒險。所以，公司與他們的股東之間的對立也在不斷發展，一種趨勢是，企業的投資者正在組織起來，以確保對管理部門行使他們巨大的集體權力。

從利潤動機出發，對於大規模失業、破壞生活環境和整個社會的公共福利的漠不關心，成為企業與社會潛在衝突的因素之一。一個典型的例子是，如果某一公司的停業使5,000名工人失業，間接地又會使10,000人失業，這不僅破壞了一個城市的整個經濟和社會結構，且使重擔落在那些最無力承受的人的肩上。因此，文化規範理應喚醒宗教和民主理想中的價值觀念，貨幣機制也將起到了一種滿足人類需要的有限作用，社會責任的福音將使企業對新的需求有所回應，並把提高生活質量變成企業的職責。

第三節　如何為資本主義定位

據說有位義大利學者在總結西方社會主義運

動的經驗教訓時，曾深有感慨地說：「我們生活在資本主義世界，卻並不瞭解它。」可見，如何為資本主義定位，是一個相當複雜且困難的問題。歷史學家尤其對「資本主義」這個概念表示懷疑，不過他們的理由是，這個概念雖然能適應許多其他普遍化的概念，但由於它太彌散化了，因而又難以用它公正地裁決歷史細節的微妙性和特殊性。社會學家也贊成用其他一些述語來指稱與現代性相伴的歷史變遷，如他們使用了「工業主義」（industrialism）或「工業社會」（industrial society）這一更具全球意義的概念，來避開對「資本主義」這一辭彙的使用。

　　其實，在歐洲的歷史進程中，資本主義與工業主義是同一內涵的兩種表述，只不過在人們常說的資本主義概念中包含了「早期資本主義」和「工業資本主義」的時間性差隔。早期資本主義源於資本的擴張，它的大規模發展是在十六至十七世紀，馬克思理論的力量在於解析這一時期歐洲傳統的經濟企業模式的一次巨大而又劇烈的轉變，韋伯同時也將這一時期的「資本主義企業」

界定爲「在追求利潤的期待之中藉由交換所進行的一切經濟活動」。而工業資本主義的產生則來源於資本積累所帶來的壓力，並且建立在政治改革和工業革命的廣泛基礎之上，它的關鍵因素在於工資勞動的商品化，布羅代爾所說的「產業革命之前並不存在資本主義」就清楚地表達了這個意思。

韋伯認爲，工業資本主義與以前的資本主義在許多方面都有所不同，這些差異表現在如下幾個方面：

1.具有固定資本的「理性的資本主義企業」。這裏，「固定資本」不僅指企業選址於確定的場所，而且還指企業控制著固定量的生產設備和投資原料；「理性」是指生產工具和投資手段的合理運用。這在可以獲得配置性資源的情況下，是達到既定目標的最有效手段。

2.存在著大量的自由工資勞動者。韋伯認爲憑藉奴隸勞動來組織資本主義生產，在經

濟上會居於不利的地位，而雇用領取工資
或薪水的工人，資本風險和投入的資金則
會更低。

3.商品組織中形成明確界定且相互協調的任
務。資本主義企業和其他現代組織的共同
特徵就是行政力量，包括由成文的行為法
典所詳細規定的官僚等級和秩序，工人則
是橫向性集團，他們受「管理」的集體權
威所支配。

4.市場經濟條件下單個資本主義企業之間的
相互聯繫。市場在某些方面遠遠超出了具
體的交易場所的自然邊界，所以，這些市
場不僅在規模上要受到限制，而且除價
格、投資和利潤這些經濟需求之外，還受
到諸多因素的制約。

5.主要由資本主義生活方式來滿足所有人員
的需求。資本主義企業不僅是眾多生產組
織中的一種類型，而且還是每一個人都必
須依賴的生產組織。

在華倫斯坦看來，一旦資本主義作爲一個體系得以鞏固起來，而且不會有倒退的現象，那麼資本主義運作的內在邏輯，即追求利潤最大化，就會迫使它持續不斷地擴張，一方面向外擴張，直至擴大到全球，另一方面向內擴張，即伴隨著資本的不斷積累和更進一步擴大生產，產生出使工作得以機械化的壓力，最終透過勞動者的無產化和土地的商品化，使世界市場產生變更。華倫斯坦認爲，爲資本主義算帳，就是將資本主義與先前的制度相比，事實是，一方面資本主義造成一個兩極分化的世界並且令世界不斷分化下去，另一方面資本主義不單只是成功，而且使人對它抱有希望，連受害者及反對者也受到誘惑。

從根本上講，作爲一個已經有三百多年歷史的社會形態，資本主義在總體形象上似乎一直是支離破碎的。由於資本主義是一種自發的秩序，對資本主義的描述又多半是回顧性的，所以理論上往往顯得跟不上資本主義發展變化的步伐。美國學者邁克爾·諾瓦克（Michael Novak）所著的《民主資本主義的精神》（*The Spirit of Demo-*

cratic Capitalism）一書，從那些得到證實的問題入手，細緻地描繪了一幅關於資本主義社會的立體三維圖。這樣，「民主資本主義」的概念作為與社會主義相對應的社會形態和意識形態，可以給人們以更為寬闊的視野來看待當代資本主義的方向。

諾瓦克指出，資本主義經過數百年的發展和自我調節，已經形成這樣一種三位一體的模式：一是以市場為主導的自由經濟體制，它以自由競爭為基礎，透過法律來把個人的自利納入對他人的利益和公益有利的軌道，並以此從根本上解決人類的貧困問題；二是尊重個人的生活、自由和追求幸福的民主政治體制，它注重從憲政制度上藉由分權制衡來保護公民的合法權利，防止權力的泛用；三是體現自由和正義理想的道德文化體制，蘊含其中的是多元、開放和寬容，但同時又充滿活力的現代精神氣質。因此，「民主資本主義」集市場經濟、民主政治、多元文化於一體，構成了與以往資本主義形象截然不同的新模式。

諾瓦克認為，財富來自人的創造力，創造力

是人類特有的天賦，人類與今天所享受的一切都
是其創造活動的產物，人類創造財富的活動從未
停止過。只是在一些制度下創造得多一些，在另
一些制度下創造得少一些，所以國家間的貧富懸
殊，主要來自制度上的差異，而不是來自創造力
的差異。這樣，國民財富增加的奧秘不在於該國
擁有多少天然資源，不取決於國家的政治地位，
不靠人口的多寡，不靠生產資料是否歸國家所
有，也不靠周密的預期計畫，而是靠能夠發揮人
的創造力的經濟體制，和相應的政治制度與道德
文化模式。由於財富的源泉來自人的創造性，愈
合乎人之本性的體制愈能有效地釋放人的創造
力，這種制度把權利交給個人，讓個人自己去創
造財富，而不是限制他們創造，每個人只要心智
正常，都是天然的創造者。

　　因此，在諾瓦克看來，資本主義形式是最合
乎，也最能證明財富來自人的創造力這一觀念，
因為最原始的資本是人力資本，最高級的資本是
心力資本，人力與心力再加上解放人力與心力的
天然的自由經濟制度，就是創造奇蹟的密碼和致

富的必要基本條件。資本主義是建立在資本的基礎之上，而資本（capital）的拉丁語源中，就包含頭腦和心靈的含義，所以頭腦、心靈、創造力是資本，這既是資本主義經濟基礎，又是其道德基礎，創造力表現在人們掌握的技術、文化和人的習慣及其首創精神之中。但是，如何找出最有利於釋放人類創造力的最起碼的先決條件呢？諾瓦克認為有兩個：第一，這種經濟制度必須為創造者正當地佔有創造成果提供有效的保障；第二，必須為創造者最大限度地提供創造財富的自由。就第一個條件而言，若是某個人透過辛勤勞動所創造的財富不斷地被強制充公，他們在創造財富上就不可能有很大的熱誠。人們只有在有權正當佔有勞動成果時，才會放手去創造財富，這就要政府公開地承諾對公民和財產權的保障。就第二個條件而言，公民若是沒有從事經濟活動的自由，也就沒有創造財富的自由，因而也就不可能創造出大量的財富，使社會的總體財富有所增加。同時，佔有創造成果的權利和創造財富的自由只有在市場經濟條件下才能得以實現。可見，

創造力的保障要落實到制度上就必然表現爲自由的市場經濟。

所以，財產權和自由市場經濟還必須有政治上的保障，否則就會被統治者的濫權所踐踏，不僅如此，財產權還爲民主政治提供了最牢固的道德基礎。在西方，民主政治與市場經濟的結合，並不是出自歷史的偶然，因爲沒有政治自由的經濟自由從本質上講是不穩固的，經濟上獲得自由的公民很快就會要求有政治自由和政治民主，只提供部分自由的威權政體也總是具有向民主政治演變的傾向。所以，資本主義的天然邏輯導致政治民主，近代的民主理想與資本主義方式起源於相同的歷史脈動。其道德形式已經具備，其目標是：(1)限制國家權力，以防止政治專制和經濟停滯；(2)解放個人和社會的創造力，這可以從資產階級革命的理想過程中得到解讀。由此來看，民主對資本主義的長期存在是必不可少的，沒有民主的資本主義注定是劣質的資本主義，甚至會蛻變爲法西斯主義。諾瓦克強調，這也正是他與韋伯在對資本主義看法上的差異。因此，民主政治

僅僅表現爲尊重產權、經濟自由和市場競爭的誠
意是不夠的，還必須藉由法治、分權制衡來約束
國家權力，並以和平、理性和有規則的方式得到
定期更換，從而使市場秩序和社會秩序不致受到
破壞。所以，沒有經濟上的能動性，就沒有民主
的共和國。

　　政治自由既要求有經濟自由，也要求有道德
文化的自由，即選擇自己的信仰和決定自己命運
的自由，因爲在經濟自由和政治自由不存在的地
方，道德自由是不能維持的，選擇自己的經濟和
決定自己命運的道德文化自由，同時也表現爲信
仰自由和觀念及思想的自由流動，這也是指道德
和文化制度得以存在的自由，包括宗教信仰自
由、教育自由、新聞自由、出版自由和思想自由
等等。所以，民主的資本主義是以多元價值爲基
礎，它的道德文化體制注定是多元的、開放的、
自由和寬容的。問題在於，合理的自利是道德的
基礎而不是全部，如此才能使得宗教信仰必不可
少。自利是創造力和英雄壯舉的源泉，而且，利
用合理的自利比無私的奉獻要有效得多，但這也

不是人類追求的全部內容。所以，資本主義若是
離開了培育其美德和價值觀的道德文化就不能繁
榮，像新教倫理鼓勵人們自我約束、勤奮工作、
遵守法律、關心公益、富有同情心等等。

　　從多元的道德文化而言，它是美與醜、善與
惡、眞與僞多種社會現象共存的根源，而這種共
存也體現了人類社會的一個本質：因爲只有多元
的道德文化才有助於人類創造力的發揮，能夠舒
張人性的制度，肯定也是最道德的制度。而且，
政治與道德上的分化保護了所有人免受一元結構
的權力殘害。因此，在多元的思想價值上，若把
豐富多采的思想文化基礎轉化成一元的，制定一
個絕對同一律的道德標準，並加以強制施行，那
樣，它將比放任和寬容產生更爲罪惡的後果。對
資本主義的指責之一，就是它的制度充滿各種矛
盾，人們在道德上的追求也不盡統一，這種道德
放任將會帶來墮落和罪惡。諾瓦克承認這些指責
是對的，但這樣一種制度卻是人類迄今爲止唯一
能使社會財富大量增加的制度，也是人類迄今爲
止能最大限度保障個人權利不受任意侵害的制

度。這是不容否認的。

第四節　變化了的勞資關係

　　社會發展一定要以滿足人的食物、居住、教育、保健等方面的基本需要爲基礎，因爲制約人類進步的障礙已不是自然限度的問題，而是社會政治問題。一些學者注意到，地位低下者的工作動機，包括那些隨季節流動的工人，專門對富有者行竊的小偷，以及不得不向陌生男人投懷送抱的職業舞女，其行爲雖然只是一種無組織的自行產生的活動，卻代表了一種對未來的絕望心態。

　　所以，不同的職業和生活模式，將涉及人們對工業社會的權利、地位、生活理想，以及金錢報酬制度的動機，而不同文化類型有著不同的眞理標準，這些標準能深刻地影響人的能力、需求、素質和天賦。同時，政治文化因素對經濟活動的影響，如工人運動的起因與調解方式的關係、消費者利益與關係等等，都與工業化的殘酷過程有關。

　　韋伯曾提出，人的職業心態、家庭背景、生活觀念、文化素養等，同勞動生產率關係密切。如果人們將勞動本身看成是一種恥辱或壓制的象徵，那麼工作動機是很難被激勵的。中世紀的歐洲人把勞動生產視爲「上帝的懲罰」，或是「償贖原罪」所必須付出的代價，而新教倫理改變了這種陳舊觀念，由此孕育了資本主義精神。這種精神象徵著人的工作欲、贏利欲、享樂欲的衝動與發洩，成爲工業文明的內在推動力量。

　　過去，人們是按勞動力的需求關係與財富結構不適應的理論來看待失業的，它包含了三層意義：一是某些時間沒有工作；二是有工作能力，但未受雇用；三是有就業能力，但得不到工作。凱因斯主義的刺激需求論一直被認爲是緩和失業問題的有效良策。但擴大經濟活動以實現完全就業的理論，並不能完全避免失業，因爲愈是擴大經濟需求，愈是帶來企業技術變革的壓力，失業也就成了工業時代一直纏繞著人們的惡夢，這也成爲資本主義的罪惡之一。

　　工人鬥爭的核心內容之一是，主張經濟權力

的分散化，反對權力過度集中在少數人手中，這
正成爲工業資本主義發展的一個必然結果。美國
政治學家達爾（H. Dall）在其《經濟民主緒論》
中對這一趨勢分析得很深入，即少數人的經濟特
權必然要體現到政治過程中去，所以必須使經濟
制度的安排依據大多數人的利益而建立和調整。
「反壟斷法」就是在1894年產生的，是美國當時
轟轟烈烈的「平民運動」爭取的結果，也是工人
鬥爭反對金融和工業資本緊密結合的產物。

　　由於美國工業、政治和社會生活日益集中，
需要更多的而不是更少的集權形式，其目標是中
央政府的權力必須擴大到與企業的權力相稱的程
度，這樣，一方面透過大企業的力量減少政府的
支配，以適應其經濟活力的要求，另一方面又要
擴大美國公民的自我理解，使政府能夠有權威去
干預經濟。在大蕭條時期，羅斯福的觀念是藉由
國民經濟計畫使經濟合理化，而克服蕭條的有力
措施是對工業資本主義的組織結構進行變革。結
果是爲政治共同體提供了一個新的更廣泛的基
礎，複雜的工業政治體系將人們結合在一個協調

勞動、相互依賴的規劃之中。

　　經歷了「平民運動」、「進步運動」和「新政」的美國人深信，如果大部分人都生活在貧困中，而僅有一小撮幸運的財產繼承人、具有天分的專業人士、出色或僅靠運氣的商人、冷酷而又貪婪的律師，和少數狡猾的資本家倖免於貧困的話，那麼期望民主政治可以長治久安則未免是個奢想。因為人們相信積累財富的機會均等已成為國家的共同信念，如果期望被斷然拒絕，其後果可能是災難性的。即是說，一旦讓所有人享受富裕的美國夢對於大部分人來說都是過分不切實際的時候，種族主義、排外或階級仇恨的政治便可以贏得選票，民主也變得脆弱起來。

　　隨著資本主義力求支配自然界的趨勢不斷加速，到了由生產性知識引導的固定資本取代直接的，活的勞動力程度。其特徵是，資本主義的積累過程越來越取決於科學技術和智力創造，發明變成了一種商業行為，交換價值取得了無可爭辯的霸權。這種發展的結果是，傳統的馬克思主義價值理論不再使資本主義社會關係的邏輯具有批

判的洞察力，有關「兩個敵對和對立的階級」的預測也難以得到實現。就像奧德修斯的水手們不顧烏托邦的召喚一樣，當代工人階級在全面商品生產的魔力及其等價和物化原則的支配下勞動。資產階級也把自身的特殊利益說成是普遍的利益，或者爲了公眾的利益，這種意識形態的合理性，反之加強了被剝削者自願受奴役的能力。

　　對此，哈伯瑪斯的看法是，自由資本主義的獨特之處在於工資勞動與資本之間的自由市場交換關係佔優勢的程式。他把資本主義看成是一個社會進化過程，在這個過程中，經濟生產和交換領域擺脫了正式的從屬關係和權力關係，國家進一步變成社會秩序的體現者。他指出，資本主義的工業化肯定已經將一定程度的合理性引進了現代生活，因這種工業化已經使個人辦了公共福利的目的有效地組織起來，雖然這種工業化並沒有在同樣的程度上促進實質上的合理性。

　　羅伯特‧賴克也認爲，資本主義核心企業不僅生產了大量的商品，也創造了數百萬個就業機會，從而擴大了中產階級的隊伍，也爲大量商品

擴展了大眾市場。所以，到了六○年代時，幾乎有一半的美國家庭輕鬆地進入中產階級的行列，使整個勞動力也變得受教育程度略高、年齡稍大和擁有更多女性的就業人口。而白領管理階層的日益擴大，使高價值企業的利潤不光只是靠生產規模和產量，而是靠不斷找出需要及解決其需要兩者之間的新聯繫。緊接著，在白領管理階層下面的就是美國資本主義的步兵──生產工人，他們穿著藍領工裝，帶著午飯盒，日復一日地幹著同樣的活，然而他們遵循的是這樣的原則：為爭取全面的福利做出犧牲。其動機不是出於利他主義或愛國主義，而是因為他們企盼從集體行動中分享預期利益。

　　同時，勞資間的和平甚至成了日益發展的美國經濟官僚主義化的職能，越來越多的情況是，勞資雙方的對抗不是以資方不准工人進廠和工人在廠外佈置糾察線的方式進行，而是在坐滿了律師和職員的會議室內進行。「討價還價」就這樣落實在各個利益集團──企業經理和投資者、勞工和以政府為代表的公眾機構──心照不宣的協

定上。大的工會本身也變成了一種官僚體系，反映了大企業的結構特徵，文化觀念上也不再把有組織勞工訴求看成是一種社會運動，而是政治和經濟的運行機制之一。

　　不僅如此，在當代資本主義條件下，勞資衝突的特點和程度，還有相關的工人運動的發展，雖然主要受到資本生活方式水平擴張的制約，但也確實受到國家形態的影響。勞工運動不得不放棄普遍從資本等級制控制下解放出來的幻想，即西方社會主義運動已經不得不接受有效的官僚主義機構，甚至生活本身也受到專門組織起來的官僚政治手段的動員和支配。資產階級的意識形態則以科學的和普遍有效的名義上的要求來批判過去，從根本上削弱神話、形而上學和習慣禮儀等體系的傳統力量。

　　約翰・基恩（John Keane）根據變化了的資本主義形態，將當代資本主義稱之為「晚期資本主義」（late capitalism），其特點是社會生產關係都出現了新的質的變化，主要表現在：⑴剩餘價值的生產形式；⑵體現階級調和的某種准政治的

雇傭結構；(3)政治體制的合法化的日益強化的需
要。這些變化的結果是「合理性的危機代替了經
濟危機」，而官僚化的過程正深入國家和社會文
化的一切領域。在這些領域裏，傳統的控制手段
正在被逐步取消或淘汰，權力的行使越來越傾向
於依靠各種管理方法、專業化和科學技術。

基恩認為，晚期的資本主義社會都生活在全
是專業人員的官僚主義機構不斷延伸的陰影下。
尤其在一些核心國家中，官僚主義的合理性傾向
變成了一種生活方式，資本主義的生產與消費機
制也越來越取決於它的運轉方式。正因為如此，
在晚期資本主義的條件下，官僚主義機構逐步變
成日常工作機構，日常生活也受到等級制機構網
路的普遍影響，這些機構都由領導者、專業人員
和專家顧問來管理，每一個機構都雇傭法律顧
問、保安人員和宣傳人員，每一個機構都力圖把
沒有組織起來的居民變成爭取達到這個機構的目
標的可靠工具。

英國社會學家安東尼·紀登士（Anthony
Giddens）強調，權力是一種塑造現代社會的力

量。沿著這條思路出發,他認為,當代資本主義已經具備了新的特徵,這包括:(1)資本主義作為一種經濟制度形態,是一個社會的所有成品賴以生存的產品生產和勞務生產的主要基石;(2)分立的經濟領域的存在造成了「政體」與「經濟」的分離,這種分離的前提是私有產權制的擴張;(3)國家與私有財產以及和獨立的經濟組織在制度上的聯合,強烈地左右著國家統治模式的性質。紀登士指出,今日的資本主義社會在其經濟組織方面代表著階級調和的形式,也就是說,階級衝突的聚合途徑是工業談判體系(包括罷工的權利)以及政黨組織的「政治性階級鬥爭」。它們之所以調和,是因為主要階級已經相互適應,而脆弱的一方可能為國家行政所瓦解。(紀登士:《民族、國家與暴力》,北京三聯書店,1998)

第五節　文化危機與工業文明的出路

德國學者艾利亞斯(Norbert Elias)曾寫下

兩部關於歐洲文明的書，即《宮廷社會》和《文
明進程》，都是從解剖西歐十一世紀至十八世紀
社會結構的演變及其對人的心理影響方面入手，
來闡述文明的誕生與發展，強調封建規範的宮廷
禮儀對世俗社會文明習慣和秩序的影響。即人從
動物的自然狀態演進為「文明」的人，完全是在
人際關係中自動完成的。這是從工業革命的角度
之外來看待文明進程的嘗試，具有文化解讀力。

　　比如講到吃相，說大家在一起吃飯時要有規
矩，不要急如星火地去「搶食」，不要狼吞虎咽
地大吃大喝，如果盤中只剩一塊肉，要懂得謙
讓，嚼東西時要斯文，不要吧吧作響，讓人聽著
不雅，還有諸如切忌隨地吐痰、隨地便溺、任意
甩鼻涕、在公共場合大聲說粗話等等，都為後來
資本主義世界的市民行為做出了文化的規範。然
而，完整的「文明」含義自然遠遠超出了外表禮
儀的範圍。他指出，「文明」這一概念實際表達
了西方國家的自我意識，或者說是民族的自我價
值，它包括了西方自認為在近三代以來所取得的
一切成就。西方資本主義正是透過文明的概念來

凸顯社會自身的特點以及那些引以為自豪的東
西，即他們的技術水準、他們的禮儀規範、他們
的科學知識以及世界觀的發展等。

　　華倫斯坦在〈資本主義文明的沒落〉一文中
也提出，在基督教意象中，人類災難可由戰爭、
內亂、饑荒、災疫這「四騎士」來概括代表，它
們是破壞平安和喜樂的力量、在世難逃的劫數。
資本主義能否克服上述四種威脅，理由十分簡
單，資本主義增加了生產效率，所以大大擴充了
整體財富，這財富的分配雖然未必平均，仍然足
以保證每個人所得超過以往和其他歷史體系所能
達到的水平。然而，一個體系怎樣完結，必須先
瞭解它的內在矛盾，所有歷史性體系都有其內在
矛盾，因此，它們的生命都是有限的。從這三個
基本矛盾來看，它們不斷增加的壓力決定了資本
主義的前途。這些矛盾是，累積資本的困境、政
治合法性的困境和地緣文化論調的困境。從這個
制度出現時，這些困境就已經存在，並且繼續存
在下去。

　　從華倫斯坦所代表的新左派觀念來看，他對

資本主義前途的預測並沒有超出馬克思主義的理論範疇，因為資本困境是馬克思關注的焦點，也是他展望未來世界革命的理論依據，而資本主義體系恰恰是在這些不斷增加的壓力之下，透過自我調節的措施逐漸走出困境，並賦予自身以強大的活力。但是，僅就「地緣文化論調的困境」而言，現在已經發展到矛盾再也無法控制的地步。正如華倫斯坦所言，對資本主義文明來說，問題從來就是如何將個人作為歷史主體的正反兩種效果加以調和。因為，個人主義是一把雙刃劍，一方面，資本主義強調個人主動性，因此自利意識會成為資本主義繁榮和進步的動力，從而提高工作效率，激發創造精神，另一方面，它也促成了集合個人意志而構成社群組織的觀念，包括那些反個人主義的社會意識，也是憑藉集合個人能力和對這種行動有效性的信心來發展的，它既作為能力、創造力、主動性的一面，也作為全人類永無止境互相爭鬥的另一面。資本主義文明在過去幾百年間最不尋常的地方，就是它對這兩個主題始終持強烈信仰。

　　西方知識分子在放棄了激進理想和社會革命立場之後，普遍地接受「福利國家」、「權力分散」、「混合經濟」和「多元政治」等概念，來確立居於社會主義和資本主義之間的自由主義立場，成爲從內部對資本主義進行批判的重要力量。他們大都是從文化批判入手，來揭示資本主義文明的危機。像「文化工業」（culture industry）這一概念，就是從「技術複製文化」的深刻含義中，來描繪資本主義文化的內在特徵，從資本主義的自我意識中，理解現代社會生產的變化和正在發生的文化衰退過程。

　　在概念上，「文化工業」就是「技術理性」與「消費至上」相結合的產物。由於商品化的藝術拜伏於交換關係之下，被娛樂的光暈所籠罩，而娛樂工業又促使人們進入商品世界，使藝術體現爲一種無生命的性感，成了資本主義文化的幻景。所以，一些學者指出，在音樂領域，創作和消費的商品化趨勢出現了三個後果；其一，音樂不再區分「輕音樂」和「嚴肅音樂」；其二，音樂的創造者孜孜以求的也不是藝術完美的審美價

值，而是上座率和經濟效益，他們一味迎合顧客
的需要，成了文化消費的奴隸；其三，絕大多數
作品的價值已取決於是否可變爲銷售的和可交換
的，價值的實現依賴於消費者是否肯爲之付錢，
以投資效果作尺度。這些變化，不是出自心理美
學的範疇，而是出自經濟學贏利的範疇。

　　一些人雖然對文化的技術化持肯定的態度，
但也強調，機械複製體現了藝術對產業的依賴關
係，生產力也成爲一定時代藝術形態的內在因
素。十九世紀以後的工業資本主義社會，由於印
刷、照相、電影、唱片等機械複製手段，大大超
越了以往的鑄造、制模、木刻、石雕等複製技
術，成爲藝術的全面機械複製時代，文化的傳播
者和享用者也都成了工具。「文化工業」按照一
定的標準和秩序大規模的生產各種複製品，它促
進和反覆宣傳某一個成功的作品，使風靡一時的
歌曲和連續劇可以週而復始出現。以流行音樂而
言，結構簡單、旋律反覆，像刻板的公式一樣，
使聽眾不由自主地產生機械反應。由此，聽眾獨
立的思維、豐富的想象力瓦解了、聽力退化了。

這種退化不是表現在生理上，而是心理上退回到
一種被動依附的幼稚狀態，正像孩子們要吃過去
愛吃的食物一樣，希望重複他以前曾聽到過的東
西，從而滋長了消費標準產品的要求。美國流行
音樂的內容，就是只去重複那些人們熟知的主
題、有限的事物，包括讚美母愛或是家庭歡樂的
歌曲、胡鬧或追求新奇的歌曲、佯裝的兒童歌曲
或失去女友的悲傷。

　　馬爾庫塞（Herbert Marcus）認為，「文化
工業」作為一種社會控制手段具有重要的政治功
能，並且是消費社會的結構和活動中的基本內
容。概言之，就是資本主義商品制度的組成部
分，即意識形態與社會物質基礎的融合，這種文
化工業消解了精神產品特有的人文價值。其目標
無非瞄準了大眾的錢袋，它以消費大眾為上帝，
只要迎合大眾的需求，不管什麼樣的東西都可以
進行批量生產，造成了精神速食式的消費模式。
馬爾庫塞強調文化工業提供了效率、意志、人
格、願望和冒險方面的完整訓練，它的效力來自
對一個不復存在而且不能重新得到的世界的體

驗。所以，在現代社會中，這種文化就像消費品一樣由這一社會生產和複製出來，成為供人消遣的娛樂形式和麻醉劑。

　　文化的強迫性在於它的不斷重複，使閒暇的人不得不接受製作人提供給他的東西，履行著操縱意識的職能。這樣，一方面文化活動失去了為人們提供娛樂和消遣、給人以精神享受的作用，而成為勞作的延長，旨在恢復精力以便能再次應付機械的工作，於是，快樂變為無趣；另一方面，文化工業決定著娛樂商品的生產，控制和規範著文化消費者的需要，成了一種支配人的閒暇與幸福感的強大力量。所以，資本對各種休閒娛樂的成功滲透和制約，有力地把握和塑造大眾社會的心理特徵，進而有效地支援資本主義制度。文化工業作為一種新的社會控制形式，取代了馬克思主義所注意的政治經濟形式，而成為當代資本主義的統治形式。

　　丹尼爾·貝爾是當今美國著名的社會學家，在思想和學術上與眾不同，用他自己的話來講，他在經濟領域是社會主義者，在政治上是自由主

義者，而在文化方面是保守主義者。他認為，政治、經濟和文化三個領域各自擁有相互矛盾的軸心原則：掌管經濟的是效益（efficiency）原則、決定政治運轉的是平等（equality）原則，而引導文化的是自我實現（selfrealization）或自我滿足（self-gratification）原則，由此產生的機制斷裂形成了西方工業社會的緊張衝突。貝爾指出，資本主義是一種經濟文化複合系統，經濟上它建立在財產私有制和商品生產基礎上，文化上也遵照交換法則進行買賣，致使文化商品化整個社會，而民主則是一種社會政治體系，它的合法性源出於被統治者同意下的管理，只要政治舞臺上有不同團體的競爭，自由就有了根本的保障。雖然資本主義和民主在歷史上是同時發展起來的，但是在現代社會中，政治變得更加獨立，經濟體系的管理，社群生活的規劃，以及自由經濟的運營，都在逐漸脫離民主價值的影響。

在資本主義發展早期，清教的約束和新教倫理扼制了經濟衝動力的任意行事，但是，當新教倫理被資產階級社會拋棄之後，剩下的便只是享

樂主義，資本主義制度也因此失去了它的超驗道
德觀，而一旦社會失去了超驗紐帶的維繫，或者
說當它不能繼續爲它的品格構造、工作和文化提
供某種「終極意義」時，這個制度就會發生動
盪。這不僅突出了文化準則與社會結構準則的脫
離，而且暴露出社會結構自身極其嚴重的矛盾。
結果世界的事物都失去了神聖的色彩，社會也成
了單獨的個人各自尋找自我滿足的混雜場所。這
裏，最爲關鍵的事實是，社會不是自然撮合物，
而是一個人造結構，它有一套專橫規則來調節自
己的內部關係，以免文明的薄殼遭到擠壓和破
壞。

　　貝爾就此提出，資本主義精神在萌芽階段就
已攜帶了潛伏的病灶，這就是「禁欲苦行主義」
和「貪婪攫取欲」這兩種先天性痼疾，它們代表
了宗教衝動力和經濟衝動力的結合，本來二者在
崇尚自由、要求解放的本質上是血肉相連的，但
在分工方面，則使各自的精力向不同領域擴張，
又造成深刻的文化矛盾。結果是，工業文明一方
面以前所未有速度創造著物質財富，另一方面又

用其創造的物質財富來消蝕人的存在，使人成爲
受金錢和財富完全支配的「經濟動物」，社會也
成了病態的、沒有青春活力的、趨於衰老的社
會。貝爾悲觀地指出，美國經濟在世界上占統治
地位的時期業已告終，到二十世紀末，像所有風
燭殘年的食利者一樣，美國將依靠本國公司在國
外賺得的利潤來維持生命。這樣，在可預見的將
來，美國或許仍然有著十分重要的力量，但是，
無論從哪一種利他主義的角度來看——不管是從
威爾遜所幻想的世界警察的角色來看；還是從冷
酷的具有操縱力的「資本主義經濟優勢」的角度
來看——美國都無法再成爲霸權國家，爲了維持
它自身的政治穩定，它將遇到重重困難。（丹尼
爾·貝爾《資本主義的文化矛盾》，1989年，北
京三聯書店）

第二章　修正理想——
新資本主義的魅影

　　可以說，工業時代的大多數物質成就和精神成就，都是以近代西方的經濟模式及文化理念作爲源頭和範本的。其中最具代表性的有科學理性，民主政治、法權觀念以及自由市場經濟等等。這一切構成了資本主義體系的重要內容，而且正是歐洲興起的自由主義思想和科學技術進步，導致了工業文明取代農業文明。

　　進入八〇年代以來，在新技術革命的衝擊下，西方消費社會開始面臨各種危機，資本主義最重要的因素，即財產、家庭、社群關係的自由契約制度等等，也正在趨於解體或重組，標誌著一個代替舊工業文明的後工業社會、資訊社會、

知識社會正在來臨，由此體現了當代資本主義發展的最突出特徵。近年來，流行於西方世界的各種有關資本主義前景的預測，如「自然資本主義」、「超資本主義」、「新資本主義」等等，都將理論的焦點對準資本主義的創新功能上，強調當代資本主義的最大變化，在於企業正在快速發展成一種以自由主義價值為基礎的新型制度，傳統的控制手段正在被逐步取消或淘汰，權力的行使越來越傾向於依靠各種管理方法。專業化和科學技術將改變整個經濟制度，並最終改變資本主義社會本身，由於環境價值的受損必將扼殺經濟潛力、就業機會和企業利潤，勢必使得舊有的資本主義產業結構做出重大調整。

　　事實上，一個不可抗拒的知識資訊時代的到來，正在把社會變革推向一個將自由企業和民主價值觀聯合起來的方向，它要求整個社會既要有經濟效益，又要承擔社會責任。因此，「新資本主義」的基本框架就是自由企業制度與民主價值觀念的有機結合。按照哈勒爾的說法，幾百年來成功地引導西方取得工業進步的資本力量已經呈

現緩慢而以不太引人注目的方式在衰退中，只留下了一個使危機永遠存在的徒有其表的外殼。「舊資本主義」像工業化時代的破舊汽車一樣已經四分五裂，而「新資本主義」則包括了一份經過改進的汽車設計藍圖和一份整個交通運輸系統的行車圖。或者說，「新資本主義」完全可以被理解為顯示某種更高級的理性前景，這種前景意味著過去那種把注意力全部放在經濟物質方面的「舊工業領域」的消亡，而更高級的經濟生活意味著更高程度的私營企業和經濟、更加複雜的制度結構、強大的資訊系統和明智的自身利益。

第一節　資訊與財富

在人類的經濟活動中，生產和消費一直被看成是生命的永恒主題，其過程是：人們為社會生產財富，同時又以財富來滿足自己，由此形成一種永久性的迴圈。這樣，生產是由勞動者的需求維持著，而消費的擴大會持續地刺激生產，這必然增加人的就業機會，反過來又刺激更大規模的

消費，這顯然已成爲人們所熟知的社會法則。

　　在西方文化中，隨著資本主義興起，市場把人的消費緊密地聯繫在一起，使新的需求和欲望不斷產生，而這樣的消費方式的變化，使節儉沒有了市場，而消費更多的商品也就成爲勞動生產的唯一目的。亞當‧斯密（Adam Smith）這樣說：「勞動得到的回報越大，消費的動機也越強烈。」他認爲，勤勞的目標如果不在於生產可供人們享用的東西，或可以增加人類生活上方便和舒適的東西，還有什麼意義呢？反之，如果人們不把勤勞的果實拿來享用，如果勤勞不能使我們有力量養活更多的人和給予人們更美滿的生活，勤勞究竟有什麼價值呢？亞當‧斯密強調創造財富的目的只有兩個：一是享用；二是將剩餘生產物變成資本積累。可以說，資本主義經濟正是在這種力量的驅動下，才形成普遍的社會交換關係，多方面的消費需求，以及全面的個人能力體系。

　　人類文明進步的趨勢，由追求簡單的生存條件，到追求較爲複雜的精神享受，這是一個循序

漸進的過程，而經濟發展的文獻將從物質領域逐步轉向精神文化領域，文化消費將成為人們未來生活的重要內容，正如赫爾曼‧卡恩所說，「富足、物質財產和技術進步，都不是組成人類幸福的關鍵成分。科技進步與經濟發展只有同文化因素相結合，才能作用到環境的變化與人的幸福相一致」。進一步講，經濟因素並不僅僅表現為如何協調產出與消費的關係，更多地是受到文化心理因素的制約，因為心理特質既造就了人類生活的豐富、和諧與幸福，又在某種程度上抑制了人類理性的充分發展。

儘管如此，技術的不斷進步已經成為社會變革的驅動力量，而資訊技術正在迅速地加快這個過程。許多學者認為，現在是資訊技術支配一切，由於資訊時代可以控制未來不斷增加的複雜性，推動科學的進步，為其想像不到的目的服務，因而會把全世界的經濟和政治單位聯合成某種有內聚力的國際秩序，以知識為基礎的社會體系也越來越傾向建構一個精心設計的複雜的人際網路。

　　有人預言，資訊技術將產生一種類似原子結構的組織，在這種組織中，個人將被資訊網路和共同文化聯繫在一起，因為社會結構越是多樣化，人們越是需要交流，這意味著，一種由微電子技術帶來的新自由可能很快會在創造領域成為現實。人們已經看到，由資訊系統產生的網路正在把銀行、商店、企業和消費者聯繫起來，成為高技術時代的崇拜物件，衛星電視廣播網也正在著手建立一個「地球村」，它們透過有共同興趣的個人的聯繫與交往，逐漸彌補因工業時代帶來的思想貧乏。而資訊系統在取代僵化的舊工業理念方面，迫切需要一種國際化的合作體系。

　　應當承認，資訊系統從自古以來就是存在的，儘管那只是些簡單的泥土、石塊和紙張，而不是非常強大的電子系統。電子資訊的瞬間速度第一次使人們能夠毫不費力地辨認出變化和發展的輪廓。美國學者哈勒爾曾作出這樣的粗略計算：人類經過400萬年才發展成一個農業社會；大約1萬年以後，工業革命開始邁向一個工業社會，大約200年之後，一個服務社會出現了。他

認爲，從二十世紀末發展成一個知識社會，大約
只需要50年，其結果是，在這個時期，文明實際
上正在從一個無限長的、相當平靜的歷史過程迅
速地被推進到一種充分發展的狀態，這是因爲資
訊技術突飛猛進的發展正在把人類帶向更高的階
段，所以進化的性質變得明顯而有規律。

　　事實上，人類正在經歷一個社會技術和資訊
技術都在顯著進步的重要階段，這就是人們通常
所說的「服務社會」和「知識社會」的輪廓，這
又稱之爲「資訊時代」。資訊時代的到來並不是
爲了開創一個新的烏托邦，而是更加適應一種趨
於混亂的生活劇變。從現實來看，象徵資訊技術
的電腦不再是科學家、大公司和神童使用的秘密
裝置，而是進入千百萬普通家庭和辦公室的一般
工具，電腦的擴散正在把勞動結構從昔日工業化
時代的刻板的管理模式改變成可親近的平等的有
機網路。正像哈勒爾所說的，「電腦來得正是時
候，因爲對付今天的複雜性迫切地需要它，它可
以把企業變成一個被錯綜複雜的經濟、社會和政
治問題所包圍的自動化系統，並提供各種新的領

導形式來管理一支更加熟練的勞動大軍」。他指
出，由於全球化經濟的出現正在促進新的競爭，
使對財富和資源的需求增加許多倍，而最嚴峻的
挑戰就是要把各種利益機制納入未來的社會組合
中，一度構成工業文明基礎的崇拜機器的文化心
理也將被另一種操縱力量所支配。

　　各種趨勢表明，「勞動密集型」和「資本密
集型」工業正在迅速讓位於主要靠資訊力量驅動
的「技術密集型」和「知識密集型」工業部門。
這種新發現的知識操縱能力正在變成現代經濟中
最具價值的資源和商品，如電腦普及、軟體開
發、硬體生產、網路擴張等等。這些正表明著電
腦化的資訊系統正在引起一次革命的飛躍，它以
其強大的技術功能和邏輯理性滲透到生產力的要
素中，推動經濟活動的繁榮與發展，進而對人的
思維方式、行為方式、生活方式、價值觀念乃至
社會的整個精神心理生活發生影響。

　　資訊時代的顯著特點是，科學的優勢是以發
展技術來利用大量的資訊，從而形成一個以知識
為基礎的社會、正像裝配流水線是利用物理技術

賦予工業化以強大動力一樣，高技術和資訊產業的突飛猛進將迫使企業大量解雇藍領工人和中層管理人員，因為他們的工作崗位可以由機器人和電腦交互系統來替代。同時，電腦化和自動化管理已滲透到秘書工作、教學工作、銷售工作和其他可以程式化的服務性工作中，取代那些秘書、教師、售貨員及某些行業服務人員的崗位，把人們解脫出來去對付那些正在出現的更大的挑戰。這意味著，低層的勞動者大軍將被迫面臨被淘汰的命運，從而面對一種更為複雜的社會秩序。

　　如果說，投資於工廠是工業時代最重要的投資，那麼，資訊時代最主要的投資是投資於人腦和智慧的開發，這將成為一種新的財富來源。事實上，在過去的二十年裏，無論什麼產業得以成長壯大，都是圍繞知識和資訊取得的。一個重要的事實是，在知識經濟時代，發達國家將進一步擺脫傳統工業的許多產業，而成為向全球提供知識、技術、智慧和思想的「頭腦國家」，而另一些無法進入這一時代的發展中國家，作為只能利用這些現成知識、技術進行簡單再生產的「肢體

國家」，在前資訊化階段徘徊。

　　資訊時代也是講求高價值的時代，而那些取得成功的企業，往往是充分發揮知識、資訊、技術、管理優勢的典型。日本電氣公司董事長小林弘治曾預言，「資訊時代將導致今天集中管理的大工廠的死亡，被比較小的、分佈廣泛的、萬能的、可以根據個人定單生產個別產品的工廠網路所取代。」其實，從世界範圍的經營活動看，那些創造高價值的企業，都具有極爲相似的特徵，像鋼鐵業中，發展最快、最能賺錢的，不再是生產大量鋼錠的擁有上萬名員工的龐大聯合托拉斯，而是生產特種鋼小廠，這些特種鋼包括爲特種用途的汽車、卡車和設備生產的耐腐蝕鋼，可以用於壓鑄曲柄軸中的輕型和精密平衡部件及引擎中高壓力部件的優質鐵粉，用於飛機艦船的渦輪和壓縮機及其他高溫元件的鋼與矽、鎳、鈷合成的合金。在塑膠工業方面，高收益不再來自聚苯乙烯這樣大批量生產的基本聚合物，而是來自獨特的分子化合方法生產的特種聚合物，它能經受不同程度的壓力和溫度，可以鑄成複雜的部

件，如蜂窩式移動電話或電腦中的部件。化學製品最大利潤來自爲特定工業用途而設計和生產的化工材料。紡織業最能盈利的是爲汽車、辦公室設備、防雨裝置和牆面生產的特製織物。

可見，尖端的新技術正在引起一場革命，這場革命將改變產品市場、組織和社會本身。同時，這也是一個將圍繞市場和財富展開大規模爭奪的時代，因此，如何把注意力轉向一個新時代的需要經濟模式，將是資本主義未來發展的重要目標，借助資訊時代的科技優勢，能否重建資本主義體制的理性基礎，也將成爲人們深層思考的課題。

第二節　網路與生活

在人類生存史上，人的大部分生活本身就是一場與自然界的爭鬥過程、目的是要找到一種控制自然的策略：要爭得棲身之地，要駕馭水和風，要從土壤、水源或其他生物那裏奪取食物和滋養，人類行爲的許多準則就是在這些變化著的

需要中形成的。

　　雖然說，工業時代透過裝配和複製來改造自
然，就是為了增進人的力量，但人類生活已經與
自然生態的和諧越來越遠，生存的含義變成了技
術、工具和人製造的物品，它們做為具體化了的
實體而存在，人類卻因肢體的本能被發揮到極致
而感到更加孤獨。當現代化的工業管理利用各種
專業和社會技能來操縱一個更為複雜的有組織的
生產系統，並把一種新發現的敏感擴大到情緒和
社會關係時，資訊時代能否使人類的心力和智力
得到歷史性飛躍，真正達到人的全面發展，則不
得而知。

　　資訊時代以前的技術，從手工工具到操作技
能，從功能上看，大多是以擴展人的肢體能力以
及對技術的掌握為主，並且主要以操縱機器的能
力為主，而以電腦網路技術為主要內涵的資訊時
代，對能力的要求又以擴展人的感覺能力、神經
系統和思維器官為目的，也就是說，資訊技術出
現，完全可以藉由其功能的發揮來提高人的思維
能力、創造能力和處理複雜事務的能力。許多學

者認為，隨著網路技術的發展，社會結構將隨之引起一系列的變化，資訊將成為生活的統治因素，傳統的勞動分工和人際交往的方式也將改變，知識和技術的同一化將取代階級對立的傳統模式。

　　資訊技術是「智慧的技術」，在這一背景下開拓形成的文化必然是知識的文化、智慧的文化，這種新的文化理念將從更深更廣的層次打破人們固有的社會交往、學習、消費等傳統模式，在興趣、態度、意志、情感等方面縮短人們之間的距離，而網路技術的運用透過對各種資訊的感受、理解和操作過程，實際上也在向人們推廣這一新的文化內涵──規範、創新、公平、協作、寬容。因此，從這個意義講，網路技術正在開拓一個新的時代，一個能引導人類心力和智力都能迅速成長的時代。同樣，憑藉網路資訊技術、人類豐富的文化遺產和新科技、新知識、新思想也得以在全世界每一角落交流，這種交流是互動式的，不同文明模式的歷史、文學、哲學、宗教、藝術等也因此得以傳承下去。

　　網路技術的發展，為人類認識世界和改造世界提供了前所未有的便捷方式，人們可以隨意透過各種方式直接進入網路之中，盡情地享用自己所需的知識和資訊。而資料、圖像和語言的結合，使人們生活在同一個無形而巨大的資訊網之下，世界變得越來越小，距離也變得越來越短。所以，有人說，因特網帶來的是一個開放多元的時代，它將透過網路資訊的力量，從中發掘人性，促進心靈的成長，使人類思維模式朝著融合、創造的方向發展。英國一家權威報紙這樣寫道，「資料通訊系統將像烈火一樣蔓延，無法控制，無法預測，如同宇宙間突然出現的慧星的鏡像，每一個男人，每一個婦女，不久都將成為天空中的一顆顆星星，按照自己的意志在想像的允許範圍內傳播自己的資訊，創造精神的復活也因此重新開始。」

　　在工業時代，大多數人通常滿足於低級的報酬，諸如工資、津貼、愉快的工作條件和志趣相投的同事等等，如今，電腦所帶來的尖端技術，更高的教育水準和更誘人的富裕前景，已經造就

了一種新的勞動倫理學，它表明，越來越多的就業人口正在力求自我完善，並傾向更高級的報酬，包括發展事業的機會、工作興趣、獨立自主、挑戰和影響決策的權利。特別是隨著財富資本向知識資本轉化，代表擁有物質財富的「經濟人」，正在向代表擁有知識技能財富的「文化人」靠攏，這已成為當代經濟活動最鮮明的特徵，即是說，人人可以透過知識技能來獲取更多的財富和權利，所以，在一定意義上，利益仍然是把一個社會結合在一起的看不見的紐帶，它在知識經濟的秩序中必然會引起足以改變整個社會結構、行為和特徵的巨大革新。

網路資訊技術的出現實際是知識革命的產物，因為使傳輸過程的程式化變為可能的不是機器而是人腦。電腦只是觸發器，而軟體編制和晶片生產卻要依據多少個世紀的經驗和技術，這意味著維持經濟和技術方面的領導地位的關鍵，將是具有知識的專業人才的社會地位以及社會對他的創造價值的承認。然而，傳媒報章卻常常將這些人戲稱為「虛擬階級」（virtual class），他們從

普通公眾中悄悄地分離出來，收入也不被生活境遇較差的人所分享。而高級住宅區和豪華服務區的出現，形成了單一的一塊「飛地」。這些地方要求其成員出力來保養私有的道路，修剪花木、修理街燈、清理游泳池、雇用警衛，尤其是雇用保鏢來保衛人身和財產的安全。他們對技術大唱讚歌是因為他們正在從自身擁有的技術權力中獲得經濟利益和政治特權；透過對生產的組織、分配和消費行為進行控制，他們正在構建一個泛資本主義（pan-capitalism）的社會，正是這個以技術為資本的「虛擬階級」在世界各地興起，取代了工業化時代的老牌資產階級形象。其特權的無限制膨脹將對後工業社會構成深刻的威脅。

　　製造業是昔日發展的動力，資訊業則是今天經濟的領頭羊，這已是不爭的事實，而互聯網的巨大作用在於跨越各種界限，在全球範圍內迅速傳遞資訊。目前，西方發達國家將電子商務作為經營的重要形式，並希望在未來的網路交易中，電子貨幣可以完全取代目前的支票和現金。電子貨幣是指利用電腦或儲值卡進行金融轉移，它可

以像支付現金一樣，在每次消費時，將儲存的金額相應削減。為了刺激人們使用電子貨幣進行網路交易，許多大公司紛紛推出種種優惠措施，讓消費者充分享受網路購物的便利，以此強化網路消費的信心。不過，在網路安全及電子商務尚未完全成熟的條件下，消費者仍處於嘗試性購買階段。雖然，期貨、證券和大宗交易已經進入網路，但投資者與消費者仍然抱持著觀望的態度。

美國專門研究網路商業運營的唐・霍夫曼教授指出，沒有人真的做過廣泛的量化研究，也沒有確實的資料來說明電子商務市場的規模究竟有多大。霍夫曼教授的猜測是，這個網路市場可能沒有一般臆測的那麼大，但無論如何互聯網至少是一個非常具有生財潛力的市場。她認為，網路商業市場的前景不但迷人，甚至可能是一波能夠製造無數就業機會的大浪潮。當然，如同工業革命一樣，互聯網在製造就業機會的同時，也會因改變傳統商業交易模式而讓一部分人失業。

一些經濟學家甚至認為，隨著網路安全和個人保密技術的日趨成熟，消費者尋求資訊的動機

會越來越強烈，主動購買的市場意向也會逐步加強。網路貿易將使各種通貨膨脹危機不復存在，因為電子貨幣等新的支付手段將大大減少發行銀行的貨幣存量，從而對傳統金融流通模式產生重大影響，但是，這樣的結果不僅使國家銀行無法根據自己的意願擴大或減少流動資金，而且社會資金總量也將因此變成來去無蹤的虛擬記憶體，其前景不容樂觀。

　　從微軟、雅虎、網景這些成功企業的起伏跌宕中，似乎可以看出資訊產業仍面臨著各種障礙，像投資主體、管理人才、制度環境和銷售渠道等等，都隱含了一種難以克服的頹勢。有人認為對網路經濟的過度預期是不明智的，雖然擠掉一些泡沫對市場而言是健康的。例如，懲罰微軟就是為了保護消費者、革新和競爭，因為這已觸及到美國社會最重要的價值觀，即市場的活力在於競爭。

　　互聯網的發明人伯納斯·李曾對網路的發展抱有十足的信心，認為這是「一種無與倫比的美妙的感覺」，然而，最令他擔憂的是互聯網最終

是讓一些政客或瘋子在自己周圍設立篩檢程式，
培養出一個他們爬不出來的「文化地穴」。

第三節　由消費驅動的產業變革

從整體上看，技術基礎的提高對於社會變革
的推動作用是巨大的。在整個人類發展中，簡單
的、結構完整的工作任務，如農業、製造業等，
只需要對耕種或操作下達簡單的命令，就可以讓
人們執行，人們也因此養成了依賴性。而複雜的
高新技術產業的出現，則要求人們有合作解決問
題的自由，以及相應的生活條件和文化價值觀
念。

實際上，社會發展一定要以滿足人的食物、
居住、教育、保健、精神娛樂等方面的基本需要
為基礎，因為制約人類進步的障礙已不是自然限
度的問題，而是社會文化問題。所以，不同的產
業模式和職業生活模式，將涉及到人們對工業社
會的權利、地位、生活理想以及金錢報酬制度的

動機，而不同文化類型有著不同的眞理標準，這些標準能深刻地影響人的能力、需求、素質和天賦，同時，政治文化因素對經濟活動的影響，如工人運動的起因與調解方式的關係，消費者與企業經濟行爲的關係等等，都與資本主義工業化的殘酷過程有關。像失業就作爲工業時代一直纏繞著人們的惡夢，因爲工業社會的流水線導致了一代又一代體力工人失業，白領工作群體的崛起又淘汰了成千上萬的單一技術工人，其規律是，傳統工業越是面臨自動化、智慧化、網路化改造，越是背上沉重的龐大失業人員的包袱，這在世界範圍內都是無法避免的。

　　然而，越來越多的人開始懷疑工業革命以來形成的產業結構的主要理論與實踐，認爲這種舊的福利模式已不再適合處於技術大變動陣痛的現代社會。過去，人們在工作效率方面以及刻板的勞動實踐中，是以犧牲人性的自我目標爲代價的，如此一來，企業得到的是降低工資率、減少給薪休假日、比較靈活的勞工規則以及其他一些讓步，工人群體則得到的是利潤分成、終身勞動

保障以及參與生產目標決策等回報，這樣，雙方
之間的妥協最終帶來了生產性努力和較爲滿足的
生活方式。如今，人們所追求的福利，如快樂的
家庭生活、同現代化相稱的工作環境、適於休閒
散步的優美場所等這些工業化的實際好處，由於
工業公害的影響而喪失了，這些公害包括大氣污
染、水質污染、雜訊、振動、惡臭、地面下沉等
等。而且，隨著產業佈局的調整，從事傳統產業
的勞動者紛紛面臨失去工作的危機，連帶的是，
從自己依賴的工作環境中分享利益的好處也喪失
了。

從八〇年代開始，由於傳統產業正在衰退，
西方主要工業國家的經濟重心已經發生轉變，大
量新的企業正在興起，一個最明顯的例子是，美
國俄亥俄州的馬奧甯峽谷。馬奧甯峽谷曾是全美
最重要的生產中心，在那裏，烈火熊熊的煉鋼爐
傾倒出來的熾熱金屬在附近的通用汽車裝配線上
變成了源源開出的汽車，而現在，參觀者可以驅
車穿過這個峽谷，看到空無一人的煉鋼廠綿延數
英里。煉鋼工業的崩潰僅僅在這個峽谷裏就已使

十多萬人失業，讓整個社會感到茫然，因為他們
幾代人所依賴的生活方式突然消失了。這種衰退
是由利潤的競爭引起的。競爭已經使幾年前還欣
欣向榮的汽車製造、冶金化工、家用電器和其他
相關工業的經營大大低於過去的水平。一些經濟
學家聲稱，基礎工業的衰退正在引起「美國的非
工業化」，因此，企業家的首要職責是把社會需
求轉化為有利可圖的機會，以使它的工業重新獲
得生命力。

　　傳統產業面臨的前景是，如何把人類的福利
提升到最大限度，即是說，要在資源非常有限和
生態系統遭到破壞的情況下，使企業效率繼續擴
大。雖然說，技術更新已在微電子、鐳射、光導
纖維、遺傳工程等深奧領域創造了無限機會，電
腦晶片、軟體設計、資料傳輸、國際互聯網等資
訊產業也在迅速崛起，社會正在朝著一種以資訊
技術、高消費的生活方式和強調以改善人類生存
環境為特徵的世界秩序發展。然而，如何使勞動
者在衰退的大煙囱工業中保持工作動機，並逐漸
轉移到更有生產能力和提供滿意工作的領域，已

經成為發達資本主義國家必須面對的嚴重問題。

由於現代工業對自然採取了掠奪式的開發，自然資源因而趨於短缺，每年排入大自然的數百億噸廢物變成了社會公害，地球生物圈受到了嚴重破壞。所以，現代工業面臨的挑戰是如何與自然並存，不損耗自然資源、不污染生態環境，使自然資源透過生產變成商品，商品透過消費變成垃圾，垃圾通過再生又變成下一步生產的資源。這樣，有益的生產和污染控制系統可以藉由回收物資和迴圈再利用，創造一種舒適的生活環境，並同時保有一個和諧的自然界。

美國學者赫爾曼·康恩在《經濟的未來》一書中提出，地球上的資源和土地至少在以後的200年內足夠滿足經濟不斷發展的需要。只要依靠科學和技術，人類便能夠改變自己的命運，創造出一個富裕、和諧的新世界。然而，悲觀論者認為，到二十一世紀中期時，地球上的自然資源將消耗殆盡，糧食生產趨於飽和，因而生產增長將趨於終止，環境污染也不可收拾，擺在人們面前的是一幅可悲的圖景，社會將倒退到永恒的野

蠻狀態。爲了避免這種災難的局面出現，他們主
張嚴厲控制人口，簡化生活方式，使人類活動分
散，包括降低人的消費欲望、減少汽車旅行、減
少貨物運輸和能源消耗等措施，使經濟增長率和
人口增長率都保持在「零」的水平上，以維持自
然與生態環境的平衡。

　　但是，還有更多的人則認爲，工業領域的巨
大變革可以把生態危機變成一次巨大的機會，它
既不需要犧牲人類已有的物質繁榮，也不必回到
蠻荒時代儉樸的生活方式。像《自然資本主義》
一書的作者艾·洛文斯（A. B. Lovins）夫婦等
人，就直截了當地提出一種不僅適於保護生態環
境，而且適於增加利潤和提高競爭力的新途徑。
認爲只要人們依靠能使資源變得更具生產力的先
進技術，使經營企業的方式發生一些非常簡單的
變化，就能爲今天的股東和未來幾代人帶來豐厚
的利益。這種途徑被稱爲「自然資本主義」
（natural capitalism）。自然資本主義的理論有四
個：一是引人注目地增強自然資本的生產力；二
是轉向從生物學獲得啓示的生產模式；三是採取

資源再生產和封閉迴圈製造爲基礎的經營模式；四是對自然資本進行再投資。在這裏，構成自然資本主義的動機不是目前的自然資源短缺，而是尋求消滅浪費以及追求更大的利潤。

在大多數人看來，自然資本主義是一種被修正了的理想，在這個人爲設計的世界中，汽車和大型機械實際上是不發生雜訊的，車輛排出的只是水蒸汽，而工廠排放的廢水會比輸入的水更清潔。但是，儘管這是一種烏托邦式的幻想，但它給人帶來的啓思卻是深刻的，即是說，更好的設計和技術使財富有可能增加一倍，同時使資源耗費有可能減少一半。而最重要的影響在於它的廣泛論證：生態環境破壞實際是一個能夠予以解決的系統設計問題。按照自然資本主義的概念，大自然遭受破壞的程度和速度遠比人們通常所理解的更威脅生活，這樣，工業資本主義發生根本變革的基礎應該是能夠拯救地球危機的新經營概念和技術過程，而這些技術已經存在，並對經濟生活進行重新定義，因此，自然資本主義代表了一種對待生產和消費的新方式，這不是出於高尚的

責任,而是因為這種新方式具有更高的資本回報率,並將產生引人注目的節約成本的效力。

在以往的工業模式中,大自然被當成是製造業和其他人類活動所投入的無限資源,而這些資源似乎是永不枯竭的,因為一旦某些礦物被耗盡了,人們很快又會找到另一種礦物替代它,大自然也成了傾倒浪費掉的眾多資源的無底洞。所以,自然資本,即地球本身的自然要素,並不出現在資本主義的帳本中,但在自然資源日益短缺的情況下,不能對自然資本進行保護和再投資,將可能直接影響一個企業的收益。在這方面,人類生產日益受魚群而不是漁船和漁網制約,受森林而不是鏈鋸制約,受肥沃的表層土而不是鐵犁制約。《自然資本主義》一書的作者指出,工業資本主義(包括消費其產品的人類夥伴)正在迅速吞食不可替代的自然資本,不僅僅是空氣、水和陸地上未加工的資源,而且還有維持生命的生態系統,根本不把保護能源或其他資源看作成本問題。

認同上述觀點的人們還認為,自然資本主義

既是必須的，也是有利的，它將在一種新的經濟結構和新的生活方式的範圍內，把傳統的工業主義包括在內，就像先前工業主義把農業主義包括在內一樣，即「生態效能」（eco-effectiveness）的概念將導致再生的而不是枯竭的人類工業。也有人對此提出質疑，認為自然資本主義透過使生態目標與經濟目標重新成為一體來處理人類面臨的難題，只是一種理想而已，因為在工業系統內，人類雖然能夠輕易地以機器換取勞動力，但技術和金錢卻不可能取代穩定的氣候和富有成效的自然生物圈，就像美國的「生物圈2號」計畫，儘管有價值二億美元精心製造的設備，「生物圈2號」卻未能產生出適宜呼吸的空氣、可以飲用的水，以及僅供八個人吃飯的食品，這說明了自然資本主義無法脫離地球環境來製造新的人類奇蹟。

根據聯合國環境計畫署提交的一份報告顯示，生態環境的惡化正在影響人們的消費和生活，尤其是水資源不足將引起社會動盪，威脅地區穩定，並使全球糧食價格居高不下。有人做過

測算，地球上每年消耗的水比得到補充的水多
1,600億噸，如果按生產1噸糧食要耗費1,000噸水
計算，這意味著，1,600億噸水的流失就等於浪
費了1.6億噸糧食，這足以養活4.8億人口。一位
聯合國環境計畫署的官員這樣說，「已經沒有時
間打內戰或鬧糾紛，水資源問題才是最應優先解
決的政治課題。」

　　因此，當各種傳統產業面臨一種無能爲力的
感覺，並導致一種迷茫時，對生產效率、責任感
的普遍下降產生的抱怨，有可能積聚成變革的浪
潮，衝垮那些舊工業時代的基礎結構，並改變人
們對未來的期望。

第四節　「新經濟模式」的構想

　　進入九○年代以來，經濟的步伐隨著通貨膨
脹的下降加快了，技術突變帶來的收益，服務行
業的發展以及來勢兇猛、涵蓋一切的全球化市
場，都深深滲透其中，甚至在那些重工業一度遭

受衰退打擊而瀕臨滅亡的地方，也漸漸綻露出生機。一個同樣具有本質意義的變化是，最好的工作屬於那些受過高等教育、具有新的技術能力的就業者，他們對未來的資訊服務、生物工程、材料合成、航太科技等抱持信心，而這些都屬於擁有美好前景的新興領域。

　　尤其到了九〇年代中期，新一輪的工業革命席捲了美國和歐洲，在這一趨勢背後，是新一代的生產者和管理者。他們明白，公司屬於股東，而不是老闆或社會。所以，「股東價值」成為一些大公司的時髦語言，其內涵是要增強知識和智慧對國際股東的吸引力，從而降低資金成本，並確定股票報酬率的目標，以便為經濟注入必須的資本。

　　這樣，企業營運的核心是由生產具體產品的經濟轉移到奠基於知識的生產與運用的經濟，它包含了兩項內容：(1)商品價值源自於知識。以往，價值蘊含於生產的數量之中，如一塊鐵錠、一桶石油或一袋小麥，但今天，正規的產品是基因組序、電腦條碼或是標誌圖案，商品價值決定

於它們內含的知識，而非實際重量或數量；(2)新
市場動能來自壟斷，它意味著生產任何商品的唯
一誘因，只是爲了取得暫時的壟斷力量，因爲缺
乏這種力量，價格會被壓低至邊際成本，而無法
彌補高昂的初期固定成本，於是，不斷追求這種
力量成爲當代核心動力，這種動力所導致的創造
性毀滅，也是經濟在風險中成長的主要刺激。這
預示著，「滾雪球效應」將顯得日益重要起來，
它不僅創造了激勵人心的新機遇，同時也帶來了
新的憂慮。

　　經濟學家認爲，如果經濟成長速度超過
2.5%，則生產資源將超過其承受能力而產生緊
張，進而引發物價上漲。同樣，失業率過低，乃
至低於5%時，將導致勞動力市場的過度緊張，
進而引發工資上漲。然而，這兩個最基本的經濟
理論正受到了挑戰。美國持續十年的高速經濟增
長，並沒有伴隨出現通貨膨脹的壓力，失業率也
在下降，這是第一個讓傳統經濟理論站不住腳的
地方；其次，傳統的資本、勞動力和技術都不足
以支撐高科技產業的蓬勃發展，企業創新精神成

為高科技產業得以無限增長的原動力，而就業市場的飽和並未導致工資上揚的壓力，進而引發通貨膨脹和經濟萎縮。所以，隨著美國經濟進入新一輪增長期，其特徵和走勢都和過去的經濟擴張模式大相逕庭。美國聯儲主席葛林斯班因此正式提出「新經濟」（new economy）的概念，許多西方媒體又將其稱之為「非理性的繁榮」現象。

就古典斯密模式而言，當小麥價格上漲時，農夫種得更多，消費者卻買的更少，當需求下降時，便會恢復平衡。相比之下，新經濟模式則意味著，需求增加會創造更高的效率以及更高的報酬，導致價格下降，進而創造更高的需求。其理論根據，一方面在於高科技產業工資上漲的壓力已被產品的低廉價格所抵消掉，另一方面在於，非高科技產品的價格走勢並未驅動通貨膨脹的壓力。此外，在高科技產業的經濟圈內，企業的多元性與處所的快速流動所形成的競爭架構，則是促使企業自我增長的動力。這些企業要取得支配地位，必須不斷升級，並以造福消費者的低價來擁有市場佔有率。

　　傳統工業經濟是牛頓式的制衡系統，如發生
供需失衡之後，只能藉由調整價格來恢復平衡。
而新經濟理論則相對屬於達爾文的適者生存模
式，即市場前提下勝者生存的策略。這主要來自
通貨膨脹與失業率、通貨膨脹與經濟成長的某些
關係變化，主要有兩點：一是強調失業率下降不
會導致通貨膨脹上升，原因是隨著經濟全球化，
一國的經濟越來越緊密地與世界經濟聯繫在一
起，市場和商品的供應與需求也不再侷限於某一
國家的經濟範疇，生產國際化傾向越來越明顯，
如美國公司將大批工廠遷往低收入的發展中國家
以降低成本，提高其產品競爭力。同時，由於高
科技和資訊技術的廣泛迅速運用，對勞動力的需
求日益減少，工人和工會組織考慮更多地是保住
工作機會而不是提高工資。二是強調適當的低通
膨率有利於經濟的運轉，近十年來，「貨幣貶值
的大猛獸」從來沒有顯得像現在這樣溫順過，這
使消費者感到高興，卻苦了商人和企業家，無論
是在汽車、傢具還是紡織品方面，到處都在進行
激烈的價格戰，這樣，市場限制住了生產和流動

資金的增長。從理論上講，要實現「零通膨經濟」，讓企業在任何情況下都有能力控制產品成本，實際上是無法做到的。因此，適度的低通膨率對經濟可以起到潤滑劑的作用。

　　經濟學家們深信，價格穩定會為經濟帶來很多好處，但向低價格時代進軍也會徹底改變工業社會的經濟生活。他們強調，新經濟必須建立在舊價值之上，才能做到這一點，這樣，西方發達國家將因此面臨第二次世界大戰以來最重大的抉擇。然而，也有挑戰「新經濟」之說的學者，認為新經濟理論雖然不是空穴來風，但有跡象顯示，風險投資和消費需求之間的矛盾仍未解決，並且很可能會產生「泡沫股市」。所以，對經濟趨勢過度樂觀是件非常危險的事情。反駁者則提出不同的看法，認為新經濟似乎對美國生產率的增長產生了實際影響，經濟增長和失業率下降並未伴隨通貨膨脹。至於股票下跌（即股票風險報酬下跌），是因為全球經濟環境更加穩定，而投資者正是在這種環境下要求有更多的回報。

　　風險投資、斯坦福大學模式、矽谷創業文

化，是美國新經濟的三大制勝法寶。這裏，風險投資是美國高科技企業最重要的推動力。然而，微軟命運多劫，納斯達克風雨飄搖，使科技股一再遭受重創，這樣，在股市泡沫蒸發的時候，所有支撐點都難以改變目前的頹勢。對此，美國西北大學經濟學教授羅伯特·戈登認為，美國生產率提高的跡象只出現在電腦生產領域，並不足以引起整個經濟系統的巨大變革。耶魯大學教授羅伯特·席勒在他的新著《新理性繁榮》中也認為，人們對華爾街股市的魅力在整體上估價過高。他以1901年為例，當時時速150公里的火車的前景曾掀起了一陣股瘋，他的論點是，正因為大多數投資者認為那邊沒有泡沫，這一事實本身反就意味著那裏更有可能出現泡沫。還有一些學者告誡說，工具時代正在終結，而美元裏散發出來的不僅是美國的味道，而且是世界資本推動行業的魔力。

米恩斯和施奈德是研究網路時代企業模式的兩位元美國學者，他們認為市場仍在因特網所釋放的強大經濟力量的推動下上升，自2000年到

2002年這段時期將給全球經濟和商業狀況帶來有史以來的最大變化，並預言十年內道瓊斯工業股票平均指數可能達到10萬點，全世界的財富在同一時期可能增加10倍，甚至中國、印度和俄羅斯這樣的窮國可能利用別人的成就走向富裕。這聽起來像是關於新千禧年的天花亂墜的廣告詞，然而作者卻是認真的。他們將這種不依靠有形資本，而靠「虛擬網路」刺激發展的經濟模式稱之為「超資本主義」（outset capitalism），強調超資本主義秩序將使西方大公司和發展中國家的企業獲得極高的價格──收益比。

在《超資本主義》一書中，作者指出，對於戴爾、思科、商通、微軟等公司來說，都是超資本主義的典型，它們成功的基礎是採取非資本主義化的、擁有品牌的模式，擺脫作為設備製造商的傳統角色，他們所做的就是給客戶開帳單，向供應商付錢，然後把差價裝進腰包，這樣，就可以在不設立許多新工廠的情況下迅速擴大，並利用因特網來獲取最大優勢。所以，「超資本主義」的理念是非資本化的，意思是不需要巨大有形資

本，包括廠房、設備、人力和資金等等，而這些企業正是由於懂得如何用較少的有形資本來獲得成功。進一步說，先進國家的後工業化秩序，是使用較少的藍領勞動力而提供較高技能的工程和銷售工作，所以許多公司正在把更多的企業職能發包出去，例如人力資源管理、財務、研究和發展，以及貨運基礎設施等等。

樂觀地說，這樣一種低資本化的創造財富方式，無疑會替各國經濟帶來美妙的前景，但細細分析起來，超資本主義的最大收益者仍是西方工業強國，雖然在產業轉移和資本分離的過程中，發展中國家會因此從中取得某些實惠，可在無形中也付出了巨大代價，就像用自己家的食物餵食別人家裏下蛋的母雞一樣。

第五節　民主價值與自由企業制度的結合

一般地講，資本主義作為一個龐大的歷史體系，是以歐洲的文藝復興、宗教改革和地理大發

現為開端，隨後又是工廠手工業的產生和發展。日益擴大的市場和不斷增強的商品需求，以其強大的動力推動了機器的發明和廣泛使用。工業革命造成了採用機器生產、實行最廣泛分工的社會大生產，也相應形成了以生產資料私有制和社會化的產品交換關係為內容的生產關係，並在此基礎上建構起以法的形式為中心的社會組織，從而確立個人的自由與平等，肯定公民參與社會政治生活和國家事務的權利，實行普選制和議會民主、三權分立和相互制衡為主要特徵的政治法律制度，並形成了以「工具理性」、「價值理性」和個人主義為主要內容的思想文化，這一切標誌著人類已進入到資本主義時代。

資本主義文明出於強大的生產能力和社會活力，在邏輯上對公平社會的出現持樂觀態度，並以事實證明工業社會是讓最大多數人獲得最大幸福的基石。其原則是，使財產權擺脫封建制度的束縛，實現公平地佔有財產的權利，這樣，資本積累和自由企業制度就為財富生產提供了強大的動力。同時，在私有財產的基礎上，又衍生出人

民主權、思想自由、合法致富等理念，這些都構成了資本主義不可或缺的重要內容。

　　雖然大多數人追求財富是爲了在經濟有保障，但也有人是因爲嚮往財富所帶來的地位，如有些人利用財富控制傳媒、金融、工商業和大企業，從而掌握權勢。巨大的財富積累固然有利於推動一個國家的經濟發展，但也引發大多數人對大公司財富有一種本能的厭惡感。這樣，資本主義的政治制度傾向用管制企業的辦法來保護工人的基本權益，用法律條文來控制用不正當手段獲得暴利的資本家的過分行爲。然而，這種不平等的財富機制卻始終存在，並貫穿於資本主義發展的全過程，因爲一旦消除這種不平等的財富機制，資本主義的源泉也就枯竭了。

　　出於對資本主義經濟的悲觀分析，馬克思認爲資本主義的貧富懸殊源於資本主義制度本身，且成爲資本主義的致命傷。同時馬克思也指出，擁有資本的人剝削沒有資本的人是一種不公平，解決這個問題的辦法是資本全部歸國家所有，這樣，共產主義用奪走財富的辦法懲罰貪婪，並成

為後來政治實踐的一種常規做法，然而，它所產生的卻是令馬克思都難以置信的貧困，以及隨之而來的高壓體制。馬克思所構想的是，在由各種矛盾產生的恐慌中，飽受苦難的勞動階級，必須打倒資本制度的統治，以解決自身的命運，且預言資本主義必亡於勞動階級，其意圖是在一個必然性的軌道上，闡明資本主義從產生到崩壞的過程。它源於一種批判的熱情，從而揭示一種歷史哲學，即「共產主義者將他們的命運寄託在一顆行星上，並冷靜地注視著這顆行星堅定不移地飛越歷史。」

工業文明的範式是以哲學上的「實證科學」或「精確科學」為根基，直接、實際的功利為價值取向，著重實證經驗和精確分析為特點，這種思維方式在檢討自身社會的謬誤方面，具有一定的科學性和批判性。例如，資本主義為追求無限經濟增長而大量消耗資源、破壞生態環境、侵害窮國與窮人的利益，使得社會貧富差距擴大等等，都表現出社會普遍存在的不公正現象正在加劇。因此，以直接的功利作為判斷善與惡、公正

與不公正的標準，便更加具有現實性。

　　過去，研製資本主義的內在矛盾，是以勞資衝突作為唯一的根據，而組織需要控制和企業需要自由之間的衝突一直存在。究其實，整個企業既要有經濟效益，又要承擔社會責任，本來就是工業社會的突出矛盾之一。丹尼爾·貝爾曾把這種極端解釋成是「資本主義的文化矛盾」。即是說，由自由企業賦予動力的市場需要技術和資金，與民主價值理想所包含人類的福利、公平與合作之間的矛盾。這也是羅伯特·賴克所說的「企業目標」與「市民價值」之間的矛盾，他們都強調資本主義應促使企業把注意力放在民主和人的價值上。本·尼斯（Ben Niss）也預見到高技術社會仍然需要民主，他指出：「工業中的民主不是一個理想主義的觀念，而是這些領域中的一種不容懷疑的必要性」。

　　美國學者哈勒爾（W. E. Halall）試圖為資本主義確立新的價值標準，他認為，由資本家設計並為資本家服務的「舊資本主義」，看來正已緩慢地但肯定無疑地逐步沒落，正在轉化為一種合

作的制度，為所有的利益服務，並促進大量小的、有革新精神的冒險企業之間的競爭。因此，新資本主義（new capitalism）完全可以被理解為顯示某種更高級的理性前景，這種前景意味著幾乎把注意力全部放在經濟的物質方面的舊工業領域的消亡，意味著掌握企業活動的社會領域其各種必要性的日益迫近。它包含著實際上驅動經濟體制運作的各種力量，如各種機構、知識、價值觀念和其他更高級的東西。哈勒爾強調，新資本主義不是拋棄舊資本主義，而是把它吸收到一個更廣泛的綜合體中，即保持傳統的價值觀念，在此基礎上發展出新資本主義。

在《新資本主義》一書中，哈勒爾提出，舊工業化時代的「舊經濟汽車」已經四分五裂，它由於被迫行駛在一條沒有路標、曲折而不平的道路上，並且面臨各種可供選擇的岔道。所以，這輛汽車需要重新設計，也需要更有效的交通運輸系統。而「新資本主義」包括了一份經過改進的汽車設計藍圖和一份整個交通系統的行車圖。即是說，人們需要拋棄過去跑得很好的非常費油的

汽車，代之以高技術的、更好用的、馬力強大的
未來型汽車，由技術嫻熟的司機駕駛，在超級公
路上奔馳。究竟是什麼力量在推動「新資本主
義」？哈勒爾認為，可以從企業與環境的這種密
切關係入手，即成長、權力和利潤仍在起作用，
因為變革產生於這個充滿生機和不可預測的環
境，企業不能改變自身，而是被外部的力量逼著
這樣做，這些外部力量有外國競爭的威脅、資訊
技術的進步、新一代人的不同文化態度、獲得權
力的婦女、不滿的雇員的要求、各種政治壓力以
及那些無情改變現代經濟的其他趨勢，這一切都
將與新資本主義相協調，為新的企業形式的發展
留下肥沃的土壤。

　　哈勒爾認為，「舊資本主義」的工業範型特
徵可能概括為：(1)硬增長；(2)機械的等級制度；
(3)權力主義的指揮；(4)規定的價值目標是經濟目
標；(5)以利潤為主的企業制度；(6)強調資本主義
與社會主義的對抗。在他看來，「新資本主義」
的後工業範型特徵應該是：(1)巧增長；(2)依靠市
場網路；(3)把民主擴大到經濟生活；(4)規定的價

值觀念是多重目標；(5)建立民主的自由企業制
度；(6)強調資本主義與社會主義的融合。哈勒爾
聲稱，他之所以將舊資本主義範型與新資本主義
加以區分，並爲資本主義重新下定義，是因爲工
業化時期的資本主義是建立在成功地促進物質增
長的基礎結構上，它包括：經營自由、較低的稅
率、新的成長機會、準確的資訊、充裕的資本、
迅速的技術革新、密切的工作關係和受到教育的
勞動大軍，這些都是新資本主義所必不可少的，
但是，舊資本主義也導致了複雜的官僚主義管
理，許多組織上的外溢效應、歪曲的市場訊息、
寡頭壟斷、限制勞動力流動、阻礙貿易和其他諸
如此類的市場缺陷。所以，巧增長是把企業及其
環境結合起來，多重目標是確立政治上的合法
性，市場網路是企業繁榮的必要條件，問題管理
是戰略性變革的核心，民主的自由企業是一種既
合作又競爭的新型體制，混合經濟模式是連接不
同制度的橋梁。

　　在這裏，哈勒爾提出了「民主的自由企業」
的概念在於，強調民主價值與自由企業制度的深

層結合，因為政府不可能僅限於各種干預和阻撓，自由放任的經濟也不是真正的自由，倒更像是現代國家中已經過時的弱肉強食的無政府狀態。從某種意義上講，「民主的自由企業」是在促進社會福利的自由主義者和支援自由企業的保守主義者間簡單的選擇，從而發展一種促進生產合作之自我約束的社區感。由於企業、勞工、政府和公眾之間的複雜關係，所以要建立一種將它們之間對立轉化為合作且複雜的綜合機構，其共同的特點是既有自由主義的民主理想，又有保守主義的自由經營價值觀。過去，正如人們在工業化時代付出的痛苦代價中所看到的，先有自由企業或先有民主理想，只是使企業陷入困境罷了。一個極端是殘酷剝削引起的衝突，另一個極端是好心寬容引起的幻想，而這兩種原則的成功結合將產生健康的平衡，即自由企業使公司對市場現實負責，民主則保障公司可以維護所有與之有關成員的利益。

可以說，「新資本主義」並沒有許諾烏托邦式的未來，相反的，恰恰因為面臨的前景看上去

是暗淡的，特別是在一個人滿爲患的星球上，工業化所引起的能源短缺、生態破壞、殘酷競爭等全球性危機正在迫使工廠和辦公室自動化、加速科學技術的發展、細心地管理自然資源，並把重點放在改善生活的質量和人類的福利上。沒有人能夠知道這段邁向新經濟模式時期過渡階段的結局，但不管怎樣，強調巧增長和關注所有人利益的新資本主義途徑，或許是繼續生存下去的最佳策略。

第三章　重建價值——
社群生活的多元準則

　　資本主義經歷了幾個世紀的發展，已經作爲
活生生的現實滲透到世界絕大多數國家的社會結
構中，深刻地改變著人們的生產方式和生活方
式。但是，今天的資本主義到底是經濟手段還是
社會模式，則使人感到茫然不解。馬克斯·舍勒
（M. Seneler）曾經就此指出，資本主義首先不是
財產分配的制度，而是整個生活和文化的制度，
這一制度源於特定的心理類型人（即資產者）的
目標設定和價值評判，並由市民觀念和市民道德
來傳承。

　　在傳統的認識上，資本主義把人們的偏好、
口味、價值觀、生活目標、社會公義、平等觀念

等等當作經濟體系之外的東西來對待，並以某種
給定的道德準則和社群規範來對人們施以影響。
強調如何行為、如何配置資源，才能最大限度地
實現權利的目標、增進自己的福祉；強調在目標
與利益相互約束的個人之間，如何交往、如何選
擇妥協，才能實現社會的平衡，達到各方利益的
最大化。在這個過程中，奉行自由政策（laissez
fuive）的資本主義制度，只能同時存在「財產神
聖不可侵犯」與「勞動者生存權利保障」這兩個
原則，它必然導致國家性質的中性化，即社會必
須為公民競爭提供妥善的法律保障，並避免使勞
動者淪落到極度貧困的境況。

　　資本主義文明在創造出巨大的，前人所不可
想像的物質文化財富的同時，也把人放在了自然
的對立面；資本主義文明更在透過知識、技術和
社會組織征服自然、掠奪自然的過程中，進一步
把人變成了資本、商品、消費的奴隸，傳統、團
體、記憶和語言的整體也被後工業主義（post
industrialism）的潮流所粉碎。經濟發展與社會
文化發展均衡問題變得日益尖銳，重建個人和群

體經驗的努力，促使人們站在更高的立足點上觀察工業化與社會進步的關係，並由此萌發了一些能夠替代舊資本主義的文化標準，即重視生存環境、輕視過分的實利主義、個人的自我實現、比較簡單的生活方式等等。雖然，人類社會在經濟生活方面呈現出越來越明顯的一體化趨勢，但在精神文化方面卻必然地出現一個多元化的格局，多元價值也就必然成爲溝通自由主義與集體主義之間差異的文化基礎。

第一節 權力與規則

關於權力，有這樣幾種定義：(1)權力是指它的保持者在任何基礎上強制其他人屈服或服從於自己意願的能力；(2)權力是指一個人或許多人的行爲迫使另一個人或其他人的行爲發生改變的一種關係；(3)權力就是職權和職責，其重點在於力量，即權力作爲一種強制的支配力量，不管其運作與否，它都是客觀存在的。同時，這種權力是合法的，是一種結構性的支配力。一般地講，權

力都是集中行使的，其強度是分散的權利所無法
比擬的，而且，權利極易失去對權力的控制，失
控的權力也必然走向集權和專制。

在淵源上，權利是天賦的，權利讓渡形成了
權力，因而權利的產生早於權力。盧梭（Jacques
Rousseau）曾指出，「公民相約讓渡其生命自然
權利，造成了政治國家的公共權力，然後權力使
權利置於自己的保護之下，並使權利主體獲得與
其獻出的同樣多的權利」。所以，沒有權利作基
礎，權力就會枯竭；沒有權力作保障，權利就會
落空。權力固然能保持秩序，但若離開權利的
話，只能是死序。權利為自由提供伸展的空間，
權力則為秩序提供堅實的基礎。二者的結合，使
社會既有自由又有秩序，充滿生命與活力，從而
保證整個社會在理性的基礎上穩步前進。

在理論上，權利與權力可以相互轉化。一方
面，權利可以轉化為權力；如公民讓渡其權利，
形成國家權力或公共權力；又如公司股東讓渡其
權利，便形成董事會的權力或經營管理的權力。
另一方面是權力向權利的轉化。在正常情況下，

將高度集中的經濟權力分解給各類經濟主體，便形成了這些經濟主體的權利，但是，這裏也隱藏權力壟斷、權錢轉移的異化關係。資本主義是把分散的權利關係納入集體行動理性化的總過程，它的特徵，一是非人格化的規則大量增加；二是經濟決策不斷中心化；三是組織群體對個人具有壓力；四是發展中產生並列的權力關係。這裏，權力對於個人來說不是財產或天賦秉性，而是一種特定的社會關係，權利也只有透過轉換和適應才能發揮作用。

在古典時期，「自然權利」的核心思想是，人是生而自由平等的，人人都有天賦的不可轉讓和不可剝奪的權利，即生命權、財產權和追求幸福權。它不同於古希臘羅馬人的私人權利概念。首先，天賦的權利是先於法律而存在並高於法律的，憲法不過是確認和保障這些權利而不是創造它們；其次，新的權力概念是基於個人與國家、個人與社會的關係而形成的個人之間的關係，只有在國家權力受到限制的範圍內，這些自然權利才能得以實現。例如，財產權體現於財產所有者

的所有權中，而所有權是絕對不可以被強制出讓的；工業資本成爲財產權所採取的基本的財產形式；對土地的所有權在這一時期的產權結構以及相應的權利結構中居於重要的地位。

　　著名的「科斯定理」的關鍵在於，只有在私有產權下，交易的費用才可能降至最低，但是，私有產權的條件（即最低的交易費用）的形成並不是基於簡單的個人關係，私有產權制度的確立也並非僅僅是由於社會發生了稀缺資源的爭鬥。因爲人們也可能選擇另一條道路，用政府管制條例來約束對公共資源和財富的佔有和使用，從而走上集權國家的道路。在英國革命之前的600年裏，統治權是與財產權同一的，它是從私人交易中抽繹出的由國家獨佔的暴力部分，同時又表現爲規則和習慣所指導的不斷變化著的程式。隨著有產者集團之間的經濟權力均勢發生變化，政治上必須作出相應的變革，以便使政治權力的重新分配與變化著的經濟權力相適應。這樣，統治權變化最終給人們帶來的好處，在有產者階級身上得到最直接的體現。

在歐洲，由資產階級發動的暴力革命，是爲擺脫混亂和恢復最低限度的財產安全而付出的代價，而「議會制度」的出現，是使納稅人的代表能夠對政府的財政收入和財政支出有所控制，或者說，正是財富分配失衡造成的政治僵局爲私有產權制度創造了條件。從這一點看，民主制並不是民主理論的產物，而是一種制度性的安協，用唐奈爾（Donnell）的話來說，「政治民主是僵局和歧見的產物，而不是和諧與共識的產物。」因此，在工業文明的發展史上，國家是源於界定和促進私有財產的發展的暴力機構，民主是源於對有產者私人財產權的保護的國家權力的運轉規則。

法國的資本主義革命採取了最爲激烈的方式，但在繼續革命的對抗中，無法產生作爲市民社會的執行機關的政府，因而不得不採取禁止同一身分和職業的市民們組織自治團體這樣的措施來維持秩序，隨即又出現徹底的個人主義傾向與集權優勢國家之間的兩極對立，爲了在這兩極之間保持適當的平衡，只有把假想的社會契約作爲

至高無尚的理想。這種「社會契約」把「權威民
主」（authoritative democracy）以及「共識民主」
（consensus democracy）都結合起來，變成一種
非常接近市場討價還價和自由交易的假想現實，
作為自然分配結果的權利其初期配置也成為社會
契約的物件。然而，僅靠私人間假想契約的相互
作用，並不足以創立一個能夠反映公共選擇的政
治秩序。

　　從國家權力運作來看，民主憲政強調的是分
權的原理，像洛克的分權制衡理論就指出每個國
家都有三種權力，即立法權、執行權和對外權，
三權必須分別行使。孟德斯鳩的理論要比洛克更
為完備，他強調了三權必須交由不同的國家機關
行使，即立法權歸議會，行政權歸政府，司法權
歸法院，其特點是：⑴確立了司法權的地位；⑵
注意三權之間的制衡，即權力相互箝制的原則；
⑶突出議會在政治生活中的作用。雖然，資本主
義國家多遵從三權分立的原則，但不同國家在權
力的分割和配置方面各採取不同的具體形態。所
以，根據權力結構的重心所在，又有「立法國家」

（如英國）、「司法國家」（如美國），以及「行政國家」（如法國、德國、日本）等不同類型。

　　在本質上，資本主義國家的權力分化包括了二種權力的分離，即國家依然掌握著暴力統治工具，而資本家則佔據著生產資料。馬克思認爲這種權力分化僅僅是一種表象，即資本階級透過對生產資料的佔有，實際上仍可以控制國家機器和掌握經濟權力。在美國，自羅斯福以來，對壟斷的限制和抑制大公司的權力已經與提高勞工的地位結合在一起，政府制定了一些保障勞工權利的法律，還成立了一些機構來處理勞資關係，政府也因此擴大了自身的權力。

　　美國哈佛大學教授海爾布羅納（R. Heilbroner）就此提出，這兩種權力在資本主義條件下有著強烈的共同利益，例如，國家控制暴力統治工具，幾乎完全是爲了使資本的權力凌駕於勞動者的權力之上，但與此同時，政治權和經濟權之間形態上的分化並不是一種假象，它對於在資本主義社會中形成和維持公認的政治和經濟自由有著決定性的意義。他這樣寫道：「毫無疑問，在

一些先進的資本主義社會中，人類獲得了在迄今為止有組織的社會中所能獲得的最大限度的自由。」面對這種史無前例的結果，其唯一的解釋是，資本主義政治和經濟的分離促成了某些形式的自由，而市場關係對抑制國家權力過渡是必要的。

　　海爾布羅納認為，資本主義追求生產資料的積累最終也是權力欲和聲望的一種表述，它同其他社會形態下對權力和聲望的欲望一樣，實際上是所有社會的一個固有本質。他力圖證明對權力和地位的普遍追求已深深植根於人性之中，因而將存在於所有的社會環境之中，不管制度如何，這種欲望終將顯現出來。他指出，「作為這種欲望的副產品的習慣和規則就像社會環境所形成的產物一樣，是難以迅速和徹底改變的，承認這一點，將極大地限制馬克思主義者對社會變革的期望。」所以，海爾布羅納以為，社會主義運動所面臨的最大問題並不在於提出經濟政策來實現以平等為主、效率為輔的有效供給，最大的困難或「社會主義唯一的致命弱點」在於，社會主義社

會將重演資本主義和所有其他社會形態中的對統治和服從的心理欲望。此外，這種欲望在社會主義社會中很可能採用一種特別的病態的表現方式，例如，專制的政治家將成爲平等主義的代言人，人們將面臨一種冷漠的社會和意識形態。

僅就直接的財產權而言，資本主義的權力分離又表現在使用權與收益權的分合上面，如果將產權的所有者分爲國家和私人就會產生四種組合的模式；第一，所有權和控制權都在國家手中。這便是統制經濟（command economy），即人們常說的社會主義；第二，所有權和收益權都掌握在私人手中。這便是典型的資本主義（classical capitalism），即各國通行的自由經濟；第三，所有權在國家手中，但控制權轉移到經營者手裏。這便是市場社會主義（market socialism）；第四，所有權在私人手中，而控制權掌握在國家手裏。這便是國家資本主義（state capitalism）。這四種模式，都是源於資本主義的權力關係。然而，隨著各種混合經濟的興起，產權結構的劃分越來越明晰，使意識形態的界限變得越來越模

糊。

第二節　社群與參與

　　洛克認為，在結成國家的過程中，人們並沒有放棄生命、自由、財產三大自然權利，因為這些權利是不可放棄或轉讓的，是否尊重這些權利，是政府自身合法性的首要條件，如果統治者企圖取得對人民的絕對權力變成獨裁者，人民便有權反叛。可以看出，權利的社會功能主要是指向利益和自由；權力的社會功能主要指向安全與秩序，二者統一於社會正義原則。即權利與權力的分化源於剩餘產品的出現，最終也統一於社會物質財富的充裕與公平。

　　在羅爾斯（John Rails）看來，正義原則要提出社會基本制度中權利和義務的確認方式，規定社會合作中利益和負擔的恰當分配。他主張，社會所容許的不平等應能最大地提高處於極不利條件下的人們的地位，即「每個人皆享有不可侵犯性，這種不可侵犯性是以正義為基礎，即使全

社會的福利也不能夠凌駕於其上」。由於人類不能像屠殺動物那樣完全靠屠殺來保障自己的安全，而只能在法律、道德、習俗的範圍內規定個人在什麼限度內可以享受自由，在什麼限度內可以保障安全，所以，權利又是人對自由的追求和對安全的渴望之間相互制約的結果。

雖然「天賦人權」的概念一直被作爲起源於人類本性的超越歷史的價值而加以強調，但是，人權（generation rights）作爲法律體系必須保障的概念被確定下來，卻是工業資本主義的產物。西方民主憲政理論始終認爲，人權是個人所享有的不可侵犯、不可轉讓的實證法上的權利，既有普遍性的一面，也與社會和法制的發展密切相關。事實上，法律規定的人權概念因社會背景不同而具有三種不同的表述形式：(1)以獨立於國家權力的個人自由爲中心的古典市民權，和以個人介入國家權力的行使過程中的自由爲中心的參政權，這是第一種人權表述；(2)以生存權和國家對經濟自由的限制爲中心的社會權，這是第二種人權表述；(3)以局部文化和集體的差異性的存續自

由為中心的權利，這是第三種人權表述。三種表
述之間存在著不同程度的聯繫與衝突，其結果
是，規定人權和權利的法律體系本身也呈現多元
化、複雜化的趨勢。

　　馬克思在具體考察早期資本主義的貨幣、資
本、利潤、私有財產等經濟學的重要概念的基礎
上，去探討如何實現人的真正解放問題。在他看
來，人權並不能成為無產階級的政治理想。他認
為，人權的追求與共產主義的主張是兩種不同的
價值追求，人權的意義在於使人從某種落後的、
狹隘的、群體的附屬狀態中提升出來，從封建專
制統治中解放出來，使「以物的依賴性為基礎的
人的獨立性」成為普遍生成的東西，而共產主義
的主張則不同，其意義不僅僅在於人的獨立性的
實現，還要結束人與人之間的分立性狀況，建立
「真正的集體」。馬克思超越了整整一個時代的文
明，去憧憬更為遙遠的人類未來，無疑是一種理
想主義的理論建樹，但是，這些思想遺產卻被用
來作為否定或貶低普遍人權的理據，顯然是不恰
當的。

　　在意識形態和政治目標的問題上，「西方馬
克思主義」（Western Marxism）一般都強調變革
現實社會的必要性，但與馬克思強調變革私有制
的理論不同。像馬爾庫塞（Herbert Marcus）就
認為，工業社會的技術理性越來越使人被改造成
為「畸形生物」，機器成為統治工具，工業產品
灌輸、控制並促進一種新的生活方式，如生產的
自動化、勞動工具的改善、自由勞動時間的增
加、社會福利的改善等等，工業化社會由此而加
強了勞動階級與資本主義的社會文化整合。結果
是，勞動階級不再知覺到自己的被奴役性，不再
為物質的匱乏而發愁，反而相信自己很幸福，過
著富裕的生活。他提出，所謂幸福感不過是虛假
的、機械化地掩蓋了人被物化的本質，工業社會
雖給勞動階級帶來了富足的生活，但本質上並沒
有改善從屬的命運。馬爾庫塞認為，在形形色色
的西方社會中，人們看到的更多的是政客和演說
家的微笑言辭、大眾的愚昧無知、知識分子的假
道學，以及資本主義的性壓抑等現象，強調資本
主義的危機是人的危機，要擺脫危機，實現人的

本質的解放，就必須進行「本能革命」，他把人的本質歸之於「愛欲」，而「愛欲解放」是社會經濟革命和政治革命的前提，人們從中可以找到認識人類社會及其實踐變革的可能性條件。賴希（Lesser）甚至主張要使人們擺脫反動意識形態的束縛，就應當先進行一場性革命，透過性革命培育起新的「民主主義的性格」，從而建立具有「自然的愛情、生活必須的勞動和眞實的科學」的理想社會。儘管這些聽起來像是一個泛美學化的浪漫主義的寓言，但其中含義在於，西方馬克思主義者指出馬克思的歷史理論是「反人道主義」的，因而標榜自己的學說爲「人道主義的馬克思主義」。

與早期的工業社會學研究主題相反，在當代一些西方學者的理論中，已不再談論社會劃分、階級關係、社會的生產或再生產，而是談論組織的功能、權力關係、戰略選擇等等，因爲現代社會是高度組織化的社會，組織是人類爲了完成生命的社會功能而創造的，現代的人只有透過在組織系統中的行動才能達成自己的目標。這裏，不

能僅僅把行動理解為對社會境況的反應，還應把它看成是創造和革新的途徑，而「社會行動」是在共同利益驅使下有目的的行動，它可以產生衝突、制度和新的社會關係。過去的社會哲學總是用神創、規律、進化、自然需要等等的原則來解釋資本主義和工業文明的凱旋，但人們看到，社會自身有改變自己行動的能力，它既可以走向極權、排斥和毀滅，也可以藉由創新步入新的時代。

布勞岱（Fernando Braudel）對市場的歷史考察頗具意義，他指出，歷史上各種類型的市場，除了為貨物交易提供場地，也發揮了其他的社會文化功能，例如民間集市和大型市集，一方面是交易場地，另一方面卻是社群常規生活之外的節日活動場所，是音樂、舞蹈、談天說地的狂歡會。所以，人類社會不能僅僅以物質功能的規則和工具來定義，不能僅僅歸納為一成不變的再生產的組織，或是僅僅看成適應各種外部環境的產物。布勞岱認為，市場是小人物的領域，是自由的領域，市場進行著不斷的鬥爭，而壟斷是大

人物的領域，是壓制他人的領域，壟斷只有依靠國家的活動才得以存在。他指出，資本主義是一小部分人的特權，然而，沒有社會的積極協從，其存在是不可想像的，它必須是社會秩序的一種現實，甚至是政治秩序的一種現實，甚至是一種文化現實，因為要做到這一點，全社會必須以某種方式，帶著或多或少的清醒意識接受資本主義的價值。

把經濟視為一個嵌入社群的動態系統。或一種植根於制度——組織內的過程，是一些西方學者常用的分析方法，僅以貿易、金錢和價格這三個被認為是「純經濟」的範疇為例，便可說明它們都是嵌入各類社群文化活動之內的。由於不同的社群在制度——組織上相異，歷史上並不存在普遍的貿易形態，像遠端貿易的出現，往往是由探險、劫掠和戰爭等動機引發，而其中的朝貢貿易，則更多是基於政治和行政的考慮。

與市場的貿易相類似，金錢的使用和價格的設定，也並不僅僅是建基於個人對物質增益的欲望，像早期的金錢就包括了三種特殊的功用：一

是作爲結算各類社會義務的依據，例如罰款、送禮、稅收等支付工具；二是作爲貯藏財富的會計工具；三是作爲貨物的交易媒介，這些顯然是爲了滿足不同的社會功能。若從文化人類學角度看，與文字和度量標準一樣，金錢也是一種語義系統，其意義是建基於特定的社群文化的約定成俗之上的，而從政治的角度考察，貨幣所以能發揮功能，也主要是人們對支撐貨幣的政治制度抱持信心的結果。

同樣，決定價格水平的，也不是如同經濟學家所說的「純經濟」的關係。在不同的歷史脈絡、不同的制度和社群之內，價格是由不同因素決定的。這些因素包括爲社群規範認可的合理水平，由上到下的政治考量，以及各種嵌入社群文化之內的供需關係等等，這在今天也是如此，如世界石油的價格水平，雖然在很大程度上受歐美的政治軍事力量所左右，工人的最低工資也與社會可接受的價值標準有關，所以價格總是植根於制度和社群文化的過程之中。基於相同的道理，產權也是嵌入制度和社會性社群之內的人與人之

間或人與物之間的文化社會關係。即是說，產權的界定，並非是法學上的幻想，而是各種複雜的政治、暴力和社會規範的結果。

　　吉布森（J. K. Gibson）撰寫的《資本主義的終結》一書，嘗試從一種超常規的角度，來解構資本主義經濟是一種同一、封閉和能自我調節系統的論述。這種論述把經濟學看作一種宗教信仰或意識形態，是坐落於具體的政治社會脈絡之上，植根於各類權力、位置和利益的一種社會圖景的概念框架。他指出，在這個封閉體內，層級分明、定位嚴密，一些活動例如照顧兒童、買菜購物、在家準備晚餐、幫小孩溫習功課等等，都被認為是無關痛癢的，另一些活動例如科技、工業、金融和房地產等等，卻被認為是舉足輕重的。因此，經濟學家寧可相信削減對工人薪水可以刺激工業發展而使經濟整體受益，也不相信致力於改善社群生活環境更能使社會成員受益。吉布森認為，資本主義對經濟的建構，是把現實生活中人們多元分散的各種生活實踐，統合化約為一個單一的經濟體，如同人類身體一樣的有機

體，其弊端在於，資本主義制度因此被建構爲獨立於更廣闊的社群文化生活之外的封閉自足系統。

這樣，出於經濟的目標往往強調「人力資本」的形成主要來自正規的教育，特別是大學教育，而完全漠視家庭、社群爲孩童成長所灌注的心力。這種隱含著一種偏頗的價值判斷，認爲人際交往、家庭勞務、社群生活是微不足道的。強調「文化資本」的一切都來自現實中的經濟因素，如市場、投資、利益、再生產等等，而忽視那些作爲人們的社會位置的資源，如階級價值、象徵性權力、知識傳統，甚至語言本身。吉布森強調，只有將資本主義的經濟體理解爲多樣、異雜、坐落於具體的歷史脈絡和不斷轉變的存在物，才能擺脫單一或封閉的形象。換言之，只有把日常的社群文化生活中各種紛雜的生計活動，如養育子女、買菜購物、家中準備晚餐、幫小孩溫習功課等等，放置於不亞於工業投資、金融服務、房地產開發等顯著經濟位置，才能賦予資本主義以生命力。

第三節　來自社會底層的呼聲

　　嚴格地說，市民社會（civil society）一詞具
有特定的歷史含義，同西方文化中所特有的公民
權（citizenship）這一概念有密切的關係。最
初，由於農村同城市的分離，由於公民權只限於
孤立的城市之內，因而不是普遍的權利，市民社
會也不包括農村地區的居民。資本主義的產生，
使市民社會的界限不再像中世紀那樣，受地域範
圍和職業特徵的限制，而是將城市之外的居民納
入其範疇，代之以公民權爲基礎。這樣，公民群
體主要是一個政治共同體，其社會與政治權利爲
國家政體所規定，同時又是國家經濟生活的主
體，體現了資本主義發展中市民社會與公民群體
的同一性。

　　如果單純把市民社會看成僅僅是以經濟活動
爲紐帶而形成的社群，或是從國家結構中分離出
來的公共領域，或是脫離國家直接控制和干預的
公民自治領域，就無法理解資本主義的政治屬

性，即資本主義是否是一種社會制度？在經典的市民社會理論的框架中，市民社會與國家的關係，就是經濟與國家之間的關係，它導致了經濟運作與國家運作之間的相互搖擺，這種搖擺的結局，是出現了經濟主義與國家主義的一種調和：即有組織的資本主義和市場經濟的社會化，而經濟合理性與行政合理性的客觀需要，又使市民社會得以充分發展。

　　然而，也有許多學者將市民社會解釋爲同國家平行，但又分離於國家的範疇，即市民按照自己的利益和願望聯合起來的領域。它反映了不斷變化的經濟現實：私有財產、市場競爭和中產階級的勃興，同樣產生於對自由日益普遍的要求。所以，經濟社群（生產和分配的組織）和政治社群（黨派、議會這樣的政治公共體）都是源於市民社會，並做爲國家的仲介力量。可是，當經濟和國家把選擇手段和策略的技術性強加於市民社會，甚至做爲全體社會成員付之實踐的價值、規範和目標時，就會大大降低經濟效率和行政效率。只有同時保持社會對經濟和國家的優先性和

獨立性，即經濟和國家對社會的影響程度，以及社會對經濟和國家的影響程度都要加以限制，才能保持一個眞正有意義的市民社會。或者說，才能維持一定程度的社會公平。

隨著資本主義生產能力的不斷擴大，市民社會的圖景曾給人以公正的希望，但實際並不公正，因爲工業革命的浪潮把人類生活劈成生產和消費兩半，導致生產率猛增，以及政治、社會、文化的深刻矛盾與衝突。當工業文明本身陷於它最痛苦的時刻，便無法從危險境地的社會背景中擺脫出來。正如羅爾斯所說，相互衝突的利益決定社會成員不可能在同等條件下追求自己的最大利益並因而獲得相應的結果。即是說，人們受社會經濟制度、政治架構、家庭境遇和自然秉賦等因素決定，在進入社會、進入競爭時起點是不平等的，這就使得人們以後的生活狀況大受影響，使得付出同樣努力的人獲得不一樣的結果，它必然造成一個差別懸殊社會，使生產效率降低，社會關係緊張，矛盾衝突趨於激烈。

羅爾斯（Rowels）認爲，社會只考慮福利的

生產品而不考慮福利的分配，只注重形式的平等而不理會事實的不平等，這是不正當的，爲改變此種情況，需要對分配社會價值、分配人們的權利和義務的社會制度進行重新設計，即實現自由平等和機會均等的原則。同時，羅爾斯看到資本主義工業文明的「不公正」是一個社會倫理的範疇，關涉到社會經濟、政治和精神文化的價值評判。所以，「公正社會」的思維方式是堅信人類理性的力量，理性的存在生成一種普遍適用的價值體系，也存在著普遍的人類權力和義務的關係。羅爾斯因此提出，「所有的社會基本價值即自由和機會、收入和財富、自尊的基礎，都要平等地分配，除非對其中一種或所有的價值的一種的不平等分配合乎每一個人的利益」。

　　然而，人又是根據某種信仰來眺望社會的，就像在山路上行走的時候遠眺山峰一樣，對它的瞭解並非全部，而不過是從某一角度認識到的山峰而已。韋伯曾這樣來設定問題，即「假如有一瓶牛奶，有位富人以高價購買後餵其愛犬，而窮人的子弟無論多麼想喝也喝不到。這就是資本主

義」。韋伯認爲，這個結論能否概括資本主義，
且不去說，僅就資本主義社會本身而言，有物資
就有價格，有金錢就能獲取，這是一個事實，這
種事實與人們對其所持的價值判斷全然無關。以
社會經濟狀況、財富積累程度作爲評判社會的唯
一標準，只重視物質財富的增殖，而不重視人的
生存價值及其意義，固然不是最好的選擇，但只
有這種制度才能使資本主義獲得非凡的發展。所
以，無論是社群倫理或階級立場，都必須把何者
爲佳或何者欠佳的價值基準，置於科學性認識的
領域之外，即是說，如果把市民價值的基準滲入
經濟系統中，就會導致正確判斷的失誤。

　　熊彼得（J. A. Schupeter）是從經濟的發展現
象中探尋資本主義的內涵，他認爲，對資本家的
敵意並非來自勞工階級的貧窮，資本主義滲透到
創造性破壞的過程而獲得輝煌的效果，當然提高
了生活水準，而大眾的反抗之所以發生，就是因
爲生活狀況的改觀、閒暇的增加，以及知識性水
準的提升所致。同理，資本主義也並非因經濟的
失敗而步向崩壞，而是因經濟的成功產生出不同

於經濟因素的其他社會政治因素所致。他提出，
在這一點上，社會主義與資本主義不同，它能夠
確保勞動大眾的忠誠心或認同感，其結果是使國
民恪守新的集團性規則，儘管這種規則在國家權
力體系下將更趨嚴厲。而資本主義精神是屬於個
人主義的，在此文明下，人與人鬥爭的能源被企
業經營的競爭所吸收，商人和工業家也在利潤計
較上始終處於激烈的鬥爭狀態。過去，多數學者
都將資本主義崩壞或衰退歸因於投資餘地的日益
減少，熊彼得則是從社群關係變化及其產生的相
應價值中來判斷資本主義的前景。

在歷史上，歐洲的政治家主張每個國家都應
自己製造商品。可是，美國開國先賢傑弗遜則擔
心，大規模製造業會創造一個無產階級，這個階
級缺乏共和國公民所需要的那種獨立性，因此，
依賴產生於奴性和唯利是圖，從而阻礙道德幼芽
的生長。在使經濟大機器不停地向前轉動的過程
中，美國一度集中精力解決有關的複雜的技術問
題。這樣，自由已不是公眾共同形成支配集體命
運力量過程的能力，而成為依靠社會來為個人選

擇自己價值觀和目標的能力。因此,收入不平等
正在增加乃是一個不容置疑的事實,即使在經濟
條件較好的一半美國勞動人口中,他們得到的好
處也被極少數人所佔有。

　　喬姆斯基因此聲稱,「對於大多數的人口來
說,生活和工作環境非常艱苦,並且日益惡化,
這是工業史上的新問題。」一些旨在維護美國價
值觀的學者也承認,「企業化的美國正在朝著更
加資本主義的方向前進,工作更加無保障,收入
的差距也越來越大。」許多人感到,他們生活在
一個考驗男人和女人心靈的時代,而父母們則感
到他們的家庭和他們的價值觀受到幾乎各方面的
攻擊,人們因精神生活的分裂和信仰的崩潰而處
於痛苦之中,這一切都表明社會普遍存在的不公
正現象正加劇。

　　在美國,光市場經濟中政府作用和權力範圍
的問題,就已經爭論了近一個世紀,許多人都把
政府責任看成是實現最低限度社會公正的前提。
然而,當政府試圖對市場經濟的運行強加某些道
德限制,即強調工人安全、環境保護或公平分配

的時候，爭論便又趨於激烈，一些人抱怨，爲了
窮人的福利而向富人徵稅是一種侵犯人們花錢自
由的強制施捨方式；另一些人則認爲，政府必須
保證所有公民都有一種像樣的收入、住房、教育
以及保健待遇，理由是，受到貧困打擊的人在其
他領域不能眞正實施自由選擇。還有一些人主張
經濟民主應體現在經濟組織內部，即企業本身在
經濟決策、利益分配過程中的參與和權益分享；
另外一些人則主張要加強那些在所有權依存狀態
下相關人員的自身利益的保護，即平等的市民社
會能帶來無限的收益。這樣，美國的政治要重新
獲得來自社會底層的公民之聲，就必須找出一條
能夠解決問題的方法，而作爲一種占支配地位的
公共哲學，依然是圍繞繁榮與公平這兩種考量，
人們的目標也只能面對如何將經濟餡餅做大的問
題上。

　　文化方面的爭論，不僅出現在大學裏、學術
雜誌上，還出現在議會和白宮的走廊裏，其中的
焦點在於，相信價值和尊嚴能帶來無限收益的人
們，忽略了爲此付出的代價：平等存在其中，卻

使效率低下。有人提到，過去由小業主和手工業者組成的市場規模很小，城市生活起了一種廣場和思想交流的作用，但今天的林蔭路不可能起到這種作用，人們只被看成是消費者，而實際情況卻是，在社區的大街上，人們並不談論國家、市場、城市社團等抽象辭彙，他們更注重權利、法規和關係，而一種「專家政治」正在過分人為地控制公產生活，或是以一種令人質疑的懷舊情結在作怪，因為對於批評家來說，老百姓對自己或自己的未來加以關注，最好的辦法是加入災難預言家的行列。

　　從二十世紀九〇年代起，「市民社會」突然成為從總統到政治學家們每個人口中的符咒，全球化浪潮也為那些試圖維持專制的國家開闢了「市民化」的空間。在美國和歐洲，對陳腐的政黨體系的厭倦，激起了人們將市民社會作為一條社會復興途徑的興趣。即是說，在人們看來，只有民主能確保一個強大的市民社會的存在，而市民社會對經濟成功至關重要。這樣，市民社會的重新崛起意味著國家權力的衰落，市場改革在政

府職能範圍有所收縮的情況下，為市民社會提供了介入的機會，資訊革命則為市民之間的聯繫與授權提供了嶄新的工具。

第四節　科層政治面臨的考驗

從歷史演繹的角度來講，國家權力的起源包含了各種因素，如剩餘產品的分配、社會分工、人口成長、商業機會、司法發展乃至精神上的個人化，都可視為是辨析國家緣起的重要條件。馬克思的範式是著眼於社會內部的動力，即在同一社會內部敵對集團之間的權利關係，強調那些佔有剩餘產品的剝削階級的出現，損害了絕大多數生產者的利益，然而在邏輯上卻忽略了兩個與國家興起有關的決定性因素：社會與其所處自然環境，以及與其他社會之關係。

事實上，在那些最初的王國裏，權力首先被制度化為宗教，統治者或是居於神位，或是接近於神。他們對剩餘產品的內在佔有與挪用，本身並沒有合法性，但這種佔有為國家有能力保持組

織化的宗教、供應有力的軍隊提供了物資起點，因為宗教和戰爭在國家形成過程中所起的作用是極其重要的，像宗教儀式試圖緩解以無形力量永遠降下貧困和災難的無法控馭的自然界壓力，軍事準備則旨在支配各種勢力和集團都躍躍欲試的社會政治的舞臺，二者都顯示了作為維持整個社會的公共利益的功能。像埃及、蘇美、印度、中國這些古老文明中，都以建有廟宇的城市為中心，採用掌握書寫系統的官僚制，從依附農民那裏收取貢品，調度龐大的軍隊，它們代表了最為典型的通往國家之路。所以，國家起源的常規形式應該是三種動力的組合：(1)經濟剩餘產生不平等的分配；(2)建立以聖事等級制度為條件的宗教體系；(3)產生出軍事機構使等級差距必要化。

可以說工業文明及其政治方案是在基督教文化的內部發展起來的，藉由含有新千禧年的強烈願望的異端理想而得以形成，這種異端理想試圖把上帝之國引入塵世。理想的轉型主要在啟蒙時代和幾次大革命期間。發生在英國內戰，尤其是美國和法國大革命以及隨後的時期，它們成為異

端理想的具體表徵，突顯了各種軸心文明內部發展起來的潛能，並從社會的相對邊緣地區轉移到中心的政治舞臺。正是藉由這幾次革命，歐洲新教派活動才從邊緣上隔絕的社會區域中釋放出來，它們不僅與叛亂、民眾起義、抗議運動糾纏在一起，而且與中心的經濟活動方式和經濟潛能融合在一起，形成了佔據優勢的政治、經濟、文化的中心場域。

與這一過程緊密相聯的是，人的自主性一方面受到了強調，構成了新型權力關係的深層核心，在另一方面，外在的約束機制又產生自由與控制之間的張力。這就是互相分離的、多元的個體利益和群體利益，以及關於共同利益和道德秩序的不同概念被賦予了正當性，同時又出現了一些全控制意識形態。全控意識形態的根基是一些原生的和精神性的共同特徵，尤其是民族集體精神，以及相適應的君權制度的某些文化積澱。這樣，圍繞著個體與國家、自由與專制、權力與責任的爭執，都被訴諸公開的政治程式和民主制度，特別是代議制和公開討論的制度。在這個意

義上，多元主義無疑是資本主義的社會產物，多元制衡也成為資本主義區分其他社會形態最重要的特徵。

在政治思想上，韋伯以論證資本主義制度的合理性為己任。在他看來，資本主義的產生有兩大先決條件，即物質原料（包括政治制度、財產關係、法律體系）和理性精神（包括支配人的行為、影響社會制度的特有精神價值意識等）。前者是常項，在一切國家都可能存在；後者是變項，只存在於西方社會，只有兩項的結合才能產生資本主義制度。韋伯斷定，資本主義制度之所以產生在西方而不是東方，決定性的原因乃是西方不僅具備了常項，而且擁有了變項，即是說決定資本主義在西方產生的根本條件是「理性精神」，資本主義制度既是理性化的產物，也是理性化的最高形態。

韋伯在《經濟與社會》一書中，曾深入探討過工業資本主義興起和繁榮的背景，並著重研究了資本主義賴以生存的非經濟條件。他認為，資本主義的興起有兩個原因：一是苦行主義的新教

精神；二是科層制提供了合理的社會組織形式，這二者都在內涵上體現了理性精神。在韋伯看來，科層制（stratification）是資本主義統治和管理的獨特組織，並日益成爲現代工業社會的鮮明特徵：其一，從統治和管理的效率看，科層制下的整個社會實際是一個嚴密的權力系統，由於實證知識和科學技術在社會生產中的廣泛應用，使社會管理的效率大大提高，精確性、迅速性、清晰性、連續性以及統一的指揮，嚴格的服從，人力物力消耗的降低，都在科層制下達到登峰造極的發揮；其二，從人際關係的存在狀態看，科層制爲個人受到雇用和晉升提供了形式上的平等權利和競爭機會，從而消除了傳統社會中統治特權、門第觀念、人身依附關係等對個人的束縛和限制，使得社會生活中集權化因素大爲降低；其三，科層制滲透到產業結構中，又建立起一種全天取酬的專業人員組成的等級制，由此形成一條高效率的指揮鏈，從事控制、管理、協調等一系列複雜的工作，操縱這一指揮鏈的是工業理性和人的福利動機。

　　韋伯所讚賞的科層制，實際是具有西方文化特徵的現代組織制度，這種制度由於明確的技術化、理性化和非人格化而表現出它的合理性。他甚至斷言，社會主義和資本主義雖然在所有制形式上是對立的，但是社會主義也不可避免地走向科層制，未來不是屬於無產階級而是屬於科層制。韋伯認為，科層制的不斷完善使資本主義擺脫了合法性危機，而合法性意味著公眾對統治形式的認同，也隱藏了包括暴力在內的國家對社會心理的整合，即技術主義和國家主義的陰影在社會心理中的潛在投射。對於如何走出工業文明的形式合理性與實質合理性二律背反的峽谷，韋伯希望藉由對科層主義的人文呵護來擺脫這一困境，一是擴大公共領域，透過發展國家的權力體系來克服科層制中存在的非理性；二是鑄造政治與社會領導人的政治人格，使信仰經常處於統領和涵帶的地位。

　　然而，在資本主義市場經濟下，人們雖然擺脫了倫理的、政治的、平均的終極價值目標的羈絆，只以追求交換價值，謀取最大利潤為根本目

的（是一種高度的形式合理性），但也因受經濟
目標的影響而限制了人們社會行為的合理性。一
方面工業理性使人們在一個專家治理的社會中，
都去精研知識、業務和技術，使得整個社會中人
的素質提高了，人的能動性、自主性都得到了較
大的發揮。另一方面，專業化教育又使得整個社
會文化變得同質化和流俗化，人的內心成了精神
的沙漠，喪失了原來的本質而異化為非人，成為
制度、機器、物質的奴隸。尤為突出的是，科層
制度的極端的形式主義又使得資本主義體制中官
僚主義、文牘主義以及相互推諉之風滋生蔓延，
從而降低了社會管理的效率與功能，人雖然形式
上獲得了自由和平等，可精密的計算、嚴格的規
章又使整個社會成為鐵籠，整個社會的機械性無
情地扼殺個人的創造力和批判精神，每個人都變
成機械行事的「小生物」。

　　黑格爾說，當哲學把它的顏色繪成灰色的時
候，這一生活形狀就變得蒼老了。隨著後工業社
會的出現，資本主義的龐大官僚機構引起了權力
的進一步集中，昔日工業化時代的機器般的科層

制度也更加突顯等級結構的本質。雖然說人類靠
熟練運用巫術、符咒就能改變自然進程的信仰已
不復存在。但是，一種由憂鬱的沒落預言和工業
文明不可避免的毀滅所構成的歷史哲學，正在動
搖人們對自由、平等和市場競爭的合理性的信
念。在美國，科層主義的等級制反映了這樣一種
概念，即生活的金字塔是建立在面值1美元的鈔
票上，大多數人都相信成功是透過爬上金字塔的
塔頂來達到的，雖然大多數人都只能在較低的層
次上，爭取某種較低的身分和目標。但是，一代
又一代的受過高等教育的年輕人對於在一個官僚
機構中或等級制度下從事非常專業化的工作已經
感到厭煩，他們不斷調換工作，也不願意在某種
等級化標準中確定他們的價值。所以，在那些管
理得比較好的企業和公司裏，僵硬的等級結構開
始受到嚴峻的挑戰，這表明，制度金字塔的下半
既然已經動搖，剩下的也將破裂成碎片。

　　過去，管理一座傳統的等級金字塔就好像在
工業時代操縱機器一樣，更確切地說，好像駕駛
一輛汽車，操縱者必須使機器的運轉保持平衡，

保證能有足夠的能源和零件，在出現故障時能及時進行修理。現在，人們面對的卻是更爲複雜的市場化的社會有機網路，這種網路適合一個以大量知識爲基礎的更加理性化的新時代，昔日的科層政治的神話也因此受到質疑。作爲新世紀的範型，人們看到美國和歐洲的一些大公司正在努力擺脫曾經使經濟一度癱瘓的官僚主義機構，把長期受壓抑的能量釋放出來，代之以「領導性參與」和「民主化管理」的新型模式。這種變革也在大學、醫院和教會等其他機構中發生，其趨勢是使這些傳統的等級社會變成既有權利也有義務的現代社團。

第五節　自由理想與多元制衡的原則

　　從文明社會的發展來看，等級（rank）對於許多人類活動來說是不可或缺的。事實上，很多人類行爲就是從相互差異中學習和模仿得來，而等級意識則暗示人們去做自己該做的一切，因而

又常常淪為控制系統。各種等級結構也都程度不同地把一種價值觀和追求它的模式灌輸給人們。在這個意義上，資本主義的現代性並沒有發掘全部人權，其中有些還是人類社會一直執著追求的。但是，一個人權體系之所以存在，並不是因為每一個人的存在都以生命和身體作為優先的利益，而是因為利益只有在相互給予中才能存在，只有在相互的體系中，合理的關係才能以相對的平等為條件。

在歷史上，統治權、財產權都是與人權觀念糾纏在一起的，其中並沒有明確的界分，出於社會制衡的需要，統治權被歸屬於公法領域、財產權被歸屬於私法領域、人權被歸屬於自然法領域，這三者的結合導致了現代法域的出現，各種權力的行使因此得到適當的監督，這是資本主義法治社會的核心原理。資本主義體系的現代性在邏輯上採取了以下步驟：第一，為瓦解封建身分制而建立政治主權；第二，為限制主權的泛用而強調人權；第三，為保障人權而鞏固產權。這樣，主權、產權、人權之間的互惠關係，就形成

一種多元制衡的機制。如西方社會的多元主義的
自由民主制，顯然具有相當程度的示範意義。這
裏，多元主義是建立在經濟自由和政治民主的基
礎之上，即公共權力一方面對人們擁有某種權利
加以適當保護，以排除他人的侵犯，另一方面，
也對擁有這些權利的人加以適當的限制，以免損
害他人的利益。可以說，資本主義的國家機器正
是建立在這種基礎之上，如保護財產權、契約
權、繼承權等等，還有法律之外的途徑來保護弱
者的自由，像規範勞動力市場、保護工人就業自
由、促進市場自由競爭等等。

　　經濟自由對於資源的有效配置和社會福利的
增加是至關重要的，沒有經濟活動的自由、沒有
微觀主體分散決策的自由、沒有生產要素自由流
動的自由，就不可能有資本主義的繁榮。對於大
多數勞動者來說，經濟自由又意味著按績效付酬
的就業合同、分享利潤、工人擁有股票、改善勞
動生活的質量、形成一種參與精神等等。與經濟
自由相比，政治民主表現更多的是一種運行機
制，它不僅做為一種投票規則和選擇過程，同時

也是爭取社會公正與平等結果的目標，只有在這個基礎上才能實現一個人的價值和自由的肯定。民主並沒有否定作爲自由市場經濟基石的個人價值和自由原則，而是爲了豐富其內涵。市場經濟的最高原則在於每個人因此可以實現價值和創造價值，所以競爭是有益於創造力發展的，而壟斷則會窒息一個社會的自由原則和公平原則，因此，經濟自由可以給予個人和經濟組織平等的機會和創造這種平等的過程與規則，如社會保障、義務教育、反壟斷法等等，從而促進民主的發展。

幾百年來，舊資本主義一直是以統治權、財產權、人權的多元制衡爲基礎的，現在，經濟新格局正在迫使一些大公司給予雇員們越來越多管理他們工作的權利。或者可以說，各種勞動者正在逐步地擴大他們選擇經濟活動的自由，這不是出於一種正義感，而是因爲勞動者階級參與的生產能力使這種有歷史意義的步驟成爲必要。正是由於國際競爭的衝擊、新的管理方法的出現、勞動大軍的日益成熟、對待權威的不同態度以及更

爲複雜的工作，促使經營者與廣大勞動者之間的關係發生了深刻的變化。

　　例如，絕對的財產權觀念，在西方社會是指資本家永遠擁有的「所有權」，但現在已經發生了變化。如八○年代中期，美國鋼鐵公司曾以對其資產擁有的「所有權」爲由，試圖關閉它在某一小城的兩間工廠，在傳統法理上工人或居民均無從過問，但是由於這兩間工廠在小鎮的存在已與當地居民生活息息相關，所以遭到強烈反對，法庭認爲美國鋼鐵公司與當地居民和工人之間已經形成一種長期的利益關係，因此工人和居民也應該享有財產權利，這樣，資方就不能以絕對財產權爲理由關閉工廠。這說明，在美國及歐洲一些工業國家，傳統的絕對財產權已倍受批判法學的挑戰而逐漸喪失其合理性。

　　以往，強者控制弱者幾乎主要是圍繞權力的運作上，像石器時代穴居者使用的蠻力、中世紀君主崇尚的最高權威、工業巨頭的經濟影響等，總是企圖制服那些沒有權力的人，如同動物本能地形成統治等級一樣，各種權威結構最終反映了

一種生物學上的統治欲。即使到了工業時代，經濟上的困難，普遍的無知和苛刻的社會環境，都會造成一種不安全感，這種不安全感促進了對強有力的權威結構的依賴，其根源不僅僅是統治欲望和有強制權的領導者強加於人的，而是企業所有者提供的各種保證來賦予的，這些保證包括：維持秩序、促進和諧、福利措施和提供對未來的遠見。這樣，社會本身已經習慣於透過雇傭和解聘「經濟人」來完成獲得財政來源的常規作法，企業經營也要依靠產權關係的種種需要而確立的合理權威來進行。

　　但是，對工作滿意的程度隨著一個人在等級結構中的地位變化而變化，儘管複雜技術和理想主義價值觀念都在發展，可大多數人還是感受到在工作中被壓在最底層，他們羨慕那些在高層的人，這些人工資高、自由多、工作的社會意義大，相反的，大多數人工資菲薄、地位低、工作沒有什麼意義，甚至不得不接受一個永遠不能實現、富裕得無需為生計操勞的嚴酷現實，而不得不去適應一種在相互爭鬥的陷阱中、令人厭煩的

沉悶生活。其結果往往是，在各種社會活動中表現出的一種異化意識，破壞了自由主義的基礎，即價值的源泉在於所有個人都具有價值的原則。所以，較高的工資、較短的工作時間、法定的養老金，按工作年限提升以及其他社會福利措施等，這些都是決定勞動者能夠參與民主管理的先決條件。

從廣義上說，新資本主義的理論確立了正在西方國家緩慢發展的組織類型，這就是正在形成的一種新的社會秩序，它表現爲一個民族和國家長期的經濟文化與社會變遷的過程，其實質是新與舊、傳統與現代、淘汰與適應的心態價值的調整過程。雖然產權關係、經濟結構、社會演變和政治一體化等方面的內容都可以納入這一過程來加以考量，但在實際上，它主要是在高等教育、醫療服務、法律體系、軍事組織、新聞媒介、宗教社團等傳統架構中悄然發生，這種轉變的內在力量將改變它所觸及的一切，並重建價值。

一、高等教育

　　資訊時代對教育的基本影響涉及到一個綜合處理知識的普遍運動，這樣，大學的新功能將是在各學科之間建立橋梁，發展各種協調的方法，幫助學習者綜合來自不同需要的知識，而多學科的知識和研究將有助於最優化地解決政府、企業、勞工或其他社會集團所面臨的難題。

二、醫療服務

　　醫療組織雖然沿襲了工業模式，但醫療費用昂貴且常常效果不佳，在美國醫療費用的增長比通貨膨脹快三倍，所以多數人傾向對於醫生和醫院的收費要加以控制。隨著遺傳工程、醫療器械、器官移植和其他尖端技術領域的突飛猛進，醫學科學正在經歷一場革命，這對於增進健康、疾病預防和降低醫療費用提供了極大的可能性。今天面臨的挑戰是要解決生活方式、飲食習慣、體育鍛鍊、工作條件、環境污染、精神壓力、感情狀態等具體問題，它要求政府、醫療機構和患

病當事人之間積極配合，形成一種參與形式的醫療機制。

三、法律體系

由於販毒、賣淫、賭博和其他私人的道德墮落被宣佈為非法，所以這些活動又成了黑手黨操縱的有利可圖的市場。法律過濫過細，而犯罪仍然猖獗，其原因正像企業界那樣，問題的出現是因為法律一直是由法官和律師安排來為他們自身的利益服務，法官和律師出於自身利益，一直對這一缺乏管理的系統進行合理解釋和闡述，而公眾對法律的繁枝末節日益感到厭煩，這些法律相互矛盾，有利罪犯消遙法外而不能保證守法公民的權利。因此，從根本上改革法律體系，已成為確定新秩序必不可少的前提。

四、軍事領域

對技術的強調導致了軍事機構的產業形式，它使現代士兵變成了穿軍裝的官僚，雖然有些人仍然嚮往參加戰爭，然而，武裝衝突的英雄冒險

對於一個越來越憎惡不必要暴力的成熟民族來
說，已經沒有廣泛的意義了。年輕人在確信自身
價值的同時，也不再願意無謂地犧牲自己的寶貴
生命。儘管在自身受到威脅的時候，人們會奮起
自衛，但他們再也不承認戰爭是必不可少的，更
不會讚美它。

五、新聞媒介

只要如何對待暴力、性、政治和其他敏感問
題的決定權掌握在新聞編輯和電視製片人手裏，
那麼社會上大部分人就仍會感到被曝光、被操縱
了，而且，媒體和新聞的經濟利益常常與公共責
任發生衝突，傳播業已成為最大的利潤來源之
一。所以，人們的看法是，如果公共媒介的行為
仍然像任何其他企業一樣以利潤為最高標準，那
麼它們也將受到像企業那樣的待遇，即政府和公
眾有權對之進行干預。

六、有組織的宗教

昔日那種對高傲的牧師們傳承下來的理解模

糊的教條表示忠誠服從的宗教，看來已經不能再
滿足人們要求了，而獨裁主義的教會等級制與新
的獨立態度之間的衝突，在吸引年輕人參加教會
生活的問題也帶來了嚴重的困難。人們越來越懷
疑宗教是否能適應更為深刻的現代精神生活的需
要，但有一種必然性在發展，即宗教作為強有力
的政治力量戲劇般地復活了，而基本教義的繼續
存在也是不可阻擋的。

第四章　多重目標——
經濟共同體的再生

　　進入二十一世紀以來，資本主義雖然面臨一系列難以對付的內在矛盾，但它力求支配全球經濟的趨勢卻在逐漸加速，發展到了由高科技知識引導的固定資本取代一般化的勞動力資本的程度。這種旨在維持高成長的資本積累和生產者盈利動機的生活方式，反映了當代經濟活動的一個重要特徵：既造成了世界範圍的財富不平等的格局，也促進了各國消費結構的畸形發展。過去，許多人相信，正是在財產得到保障和勞動力源源不絕的情況下，生產力才得以充分發展，資本的利潤也有可能達到最高水準。如今，隨著人們對生活質量和精神權益的更高追求，又產生了對資

本主義爭取無限經濟增長的懷疑，認爲單純經濟
利益的目標已無法適應新世紀的要求。

　　在某種意義上，資本主義的生命力在於獎賞
勞動和效率，如果爲了實現收入平等而轉移財
富，或是削弱人的盈利動機，從而減少這種獎
賞，就會破壞人類創造的積極性。人生而平等是
就人的不可轉讓的自然權利而言，並不是就人的
先天的能力差異而言，但社會有責任來消除這種
先天帶來的不平等。在一定意義上，西方工業國
家的許多成就應歸功於一百多年來各種社會運動
帶來的壓力和刺激，這種強調不破壞社會現存關
係和既定價值觀的合理性鬥爭，爲爭取公共福利
普及提供了制度化的保障。但由於作爲手段的財
富和權力已經變成了目的，使原來作爲終極關懷
的價值理想受到顚覆，精神道德的支柱也被大大
削弱，人們開始懷疑，那些值得誇耀的工作倫理
和社會準則究竟能維持多久？

　　跟以往相比，當代的經濟進步再也不能侷限
於資本主義的經濟目標方面，而應該逐漸集中在
人的教育和能動性的調動方面。而且，市場網路

將要求企業更加平等，更加充滿人情味，更能產
生利潤，它允許人們憑自己的想像去發展自己的
創造力，並成爲活力和才能的有效來源。這樣，
相信市場系統內在價值的人們，主張發展和營造
一種更人道主義、更有責任心和更具革新精神的
「後工業模式」（postern industrial society），這種
模式做爲一種經濟共同體的再生，反映了市場價
值規律與多重利益目標的統一，由此建立企業與
雇員、股東與消費者、政府與製造商、跨國公司
與世界產品市場之間的和諧關係。人們要做的事
情，歸根結底是如何在市場體系中實施雙贏策略
的問題。

第一節　企業與雇員

　　美國作家喬塞亞・斯特朗在《我們的國家》
一書中曾這樣寫道，什麼是文明的過程呢？那就
是創造越來越多、越來越大的需求。他深信，一
個基督教的文明能夠創造麵包和魚的奇蹟，並供
養沙漠裏的芸芸衆生，同樣，美國這個已具備全

面優勢的國家，也必然勢不可擋地成為「世界的車間」。然而，這個維持了近百年經濟繁榮的理想精神正在接受挑戰，而「美國夢」的陰暗面在於，人們愧對豐富的遺產所提供的潛力，並生活在一個被權力和奢侈迷住了心竅的社會上，對每天出現的不公正和普遍貧困泰然處之。

對於大多數美國人來說，扣除通貨膨脹部分，實際收入比過去減少了，貧困階層購買力下降表現得十分明顯，從經濟繁榮中得到好處的只是美國人中的極少數。雖然最新的統計顯示，美國連續十年經濟狀況良好，生活在大城市貧困區的人們生活也有所好轉，但貧富差距擴大卻是事實。今天，窮人和富人在美國家庭總數中所占的比例越來越高，年收入在1萬美元以下而又有孩子需要撫育的貧困家庭，和年收入在7萬美元以上的富有家庭總數都有了快速的增加，而收入介於這兩個極端之間的家庭數目卻已減少。世界經濟合作與發展組織的一份報告表明，在發達國家中，美國的收入分配不平等狀況是最嚴重的。很多人擔心，經濟不平等將會導致國家分裂，羅伯

特‧賴克就曾經警告說：「成功的美國人脫離大多數美國人而形成一個獨立世界，在這個世界中，居民可以生活、工作、玩樂和遷徙，但他們只和其他不幸運的美國人保持最低限度的聯繫，這終將威脅我們國家的繁榮與穩定」。（《國家的作用──21世紀的資本主義前景》）

　　這裏，不平等的差距拉大的核心是工作場所的史無前例的大變化。在二次大戰之前，農業工人是美國規模最大的勞動大軍，占全國勞動力的50%，家庭服務人員數量居第二位，所以當時發生的結構轉變幾乎沒有什麼痛苦，因為從農業工人或服務人員變為產業工人，無論在收入或工作條件方面都是一種提高，他們有適應新工作崗位的能力和技術。如今，「知識工人」至少將占勞動大軍總數的三分之一，但和以前工作轉變不同的是，新的工作需要尖端的技術、非凡的創造力和交叉學科的知識，而這些都是新型生產線所需要的，不具備這些技能的人，便不可避免地失去工作，那些「知識工人」則理所當然地得到前者所失去的收入份額。同時，美國企業還要面對外

國產品的嚴酷競爭，這種競爭大多來自歐洲和日本，以及那些低工資的後發工業國家，它們以相對低廉的價格向美國出口汽車、鋼鐵、機床、服裝甚至玩具，擠掉了許多美國人的飯碗。

在歐洲，也同樣面臨一個長期緊縮的問題。緊縮意味著在人們頭腦中早已根深蒂固的權利意識如今已陷入危機，或者說，歐洲人害怕他們與生俱來的權利會因此而失效。對許多歐洲人來講，美國的殘酷競爭環境，東亞的強烈敬業精神與他們的古老大陸形成了鮮明的對比，使他們難以放棄歐洲式的美好生活和文明方式。譬如，在過去的日子裏，法國人還能把愛情作為避風港，但經濟危機的陰影已經延伸到情人們的頭上，囊中羞澀加上愛滋病的蔓延，使越來越多的法國人失去了往日的情趣。在過去的二十年裏，法國經濟雖然保持著上升的趨勢，並頂住了德國統一和美國經濟滲入帶來的衝擊，但是，法國人的生活離不開自由、激情和強而有力的秩序，所以他們必須面對改革，並順利走出困境，因為那個由無數美麗故事構築起來的法蘭西已經離他們遠去

了。

在歐洲各國，失業率一直在10%左右徘徊，許多失業者已經沒有再就業的可能。隨著失業救濟金的穩步上調，這種失業狀況更加重了政府預算的負擔，並突顯在歐元的持續低迷上面。同時，使經濟學家憂慮的是，人口增長的步伐已經無情地停了下來，就停在這個被人們認為是象徵繁榮穩定的迴圈週期之中，這樣，歐洲的就業危機就可能維持很長一段時期。過去，歐洲共同體的中心論點是從歐洲大陸的環境中產生一種更為仁慈、溫柔的資本主義形式，然而這種形式卻不得不背負津貼、救濟金、工時縮短、高工資、長假期和豐厚養老金等重壓，所有這一切在歐洲人看來都是理所當然、天經地義的。更為嚴重的是，在民族主義和民粹主義外衣的掩蓋下，新納粹和新右派的政治煽動的影響也越來越大，這種情況在奧地利等國家已經出現。

就在十年前，即九○年代初期，日本和它的競爭對手都相信，它發明了一種「經濟永動機」，並因此產生了令世人矚目的非凡成就，如

日本控制了電子器件和半導體的世界消費市場，並且自稱是世界上最好的汽車製造廠商。甚至到了美國，從洛克菲勒中心到大眾攝影室，日本公司可以買進眼前所見到的每一樣東西。許多人認為，日本確有一種能夠擺脫別國經濟法規控制的秘訣，日本社會也能提供一種勤勞、節儉和團結一致的生活模式，它在技術上的領先地位是不可動搖的。

　　現在，日本的秘訣似乎不再靈驗了，日本的社會和經濟都陷入一片混亂之中。由於日本在國內外大量投資興建工廠、搞房地產和股票交易，成為「泡沫經濟」的典型，一旦泡沫破裂時，日本頃刻陷入困境，大量壞賬呆賬的暴露，大銀行公司的倒閉，大批貪污受賄醜聞的產出，致使企業效益大幅度下滑，資金也大量流向國外。由於產業的「空洞化」，日本失去了成千上萬份產業工作，大多數企業在發放津貼、加班費、正常薪水方面也陷入拮据境地。日本人感到，他們一向推崇的社會和經濟制度優越的神話開始破滅，日元持續堅挺的態勢也漸漸被急於擴大出口的欲望

所消解。雖然說，日本強有力的政治系統和家族倫理佔首要地位的價值結構有助於經濟的再度復甦，但他們在高技術方面再也不會像過去想像的那樣容易超過美國了，也許日本的衰敗將推動日本人民渡過難關，但經濟危機引發的諸多社會問題已使日本社會元氣大傷。

　　從上述得知，各種危機的強大趨勢正在迅速延伸，表明一種技術的強制力將驅使各國企業加速進入一個競爭激烈的時代。在這種趨勢下，都將貫穿一個主題，即民主價值理性與自由企業精神應重新得到肯定，因爲它們爲適應一個非常難以適應的新領域提供了最佳手段。所以，在一個首先關心生活質量的時代，企業必須成爲涉及雇員、消費者、社會公眾和投資者多重利益目標的綜合體，藉由發展更強大、更有效的企業，把滿足社會需要和謀取更大利潤結合起來，以便在激烈的競爭中生存下去。它將改變整個經濟制度，並最終改變西方社會本身，這樣，新資本主義的概念猶如一隻從垂死的時代灰燼中飛翔出來的精靈，正在被富有創新精神的企業家們所發現。

　　誠然，各國面臨的經濟狀況和社會文化背景不盡相同，採取的相應對策也各有所異，像美國式平等的定義是「起跑線的平等」，這是透過個人的奮鬥進取來決定成功的果實能否到手，因而政府和企業的責任相對較少，個人付出的努力較多。歐洲和日本考慮的則是「結果的平等」，即透過國家政策和社會福利措施來控制人們在經濟上不出現懸殊的差別，這樣政府和企業的責任相對較大，個人付出的努力也就較少。然而這兩種平等的模式都在當代經濟轉軸的過程中付出了沉重的代價，由此造成的嚴重扭曲是：犧牲他人價值以增進福利的民主政治已經逐漸變得與「社會主義專政」相像起來，而忽視社會準則以謀取暴利的自由經營又可能導致新的「資本主義剝削」，所以必須恢復理想，它將造成一個體現民主價值和自由競爭兩種傳統合而為一的新秩序。這樣一來，制度上的戰略轉變為正在為後工業社會創造一種更高形式的資本主義，它的根據是：大公司將充當向資訊時代轉變的先鋒，經濟危機也將因此得到解決，這預示著無數企業將邁向一

種仍以傳統為基礎的新式制度。

　　嚴酷的事實是，一些大企業依然被龐大而無效的官僚機構所控制，兼併風潮也只能使這些「恐龍」變得更大。問題不僅僅在於政府和企業的作為，還在於勞動、教育、醫療和其他制度，它們把龐大的等級金字塔強加在現實生活頭上，能真正獲得獨立的只限於少數有勇氣單獨跳出來的勇敢人物，多數人則在不斷擴大的社會組織的迷宮中奮力掙扎，顯然，這種迷宮很可能將所有人都吞沒在其中。所以，為了在迅速升級的各種競爭中求得生存，等級金字塔式的企業結構必須被改造為「市場網路」，這樣，一種更為靈活的組織結構將隨著電腦、互聯網和資訊技術的其他突破而變得更加完善，並使之有可能實現一種革新型的分散控制，將自由市場的生機勃勃的創造精神帶進企業內部。

　　在美國的一些企業中，正在掀起一股「參與性領導」的熱潮。這些企業旨在贏得一批謀求自我實現的新雇員的支援，並由此確立一種新的勞資關係，其中包括訂立工作指標和利潤分成合

同、共同協商並作出裁決、改善勞動技術條件和捍衛雇員的權利等等，而分享權利和責任對勞資雙方都有利。不僅雇員們變得可以獲得參與權，企業中「下了賭注」的股東之間也在逐漸建立一種政治聯合，以形成一種民主化的管理模式。結果是，企業中各個利益集團，如雇員、經營者、股東們之間將產生一種相互制衡的新型關係。按照這種模式，將這些截然不同的利益結合在一個更大的經濟共同體之中，從而擴大企業的使命，不僅創造經濟財富，且創造社會財富。

第二節　福利與動機

據說，影響人類生存所不可缺少的資源有六種，這就是能源、水源、糧食、空間、熱量和一次性資源，由此構成了人類生存的「資源空間」，這也是人們從事經濟活動的基礎。而商業貿易和財富創造可以調節或改變國家之間的資源構成，達到溝通有無、相互受益的交流作用。

美國學者喬治·霍曼斯等人，曾創立一種

「社會交換」的理論。他指出，交換是人類社會僅存的唯一的東西，人們的一切社會活動都在進行交換，不僅包括物質的交換而且包括非物質的交換，人們提供商品和服務就是爲了獲得適合自己所需要的商品和服務。正像所有動物具有趨利避害的本性一樣，人類也追求最大的利益和最小的懲罰，並把商品關係幻想成平等或趨於平等的交換關係。

　　應該指出的是，原始或早期社會的商業活動與現代市場經濟在內涵上是完全不同的。作爲主要財富的土地和勞動力分配，原始的財產積累，主要反映了前資本主義的交換方式和分配方式的特徵，因而普遍具有自發性和自然性，像促進資源再生和消費平均化的機制，就不能用現代經濟理論來加以解讀。由於工業化促進了社會生產力的迅速發展，增加了社會和家庭的不穩定性，使得人際關係發生了根本變化，這樣，一個複雜的社會包括了各種利益群體，它們各自有著不同的文化、結構、行爲規範，如果任何一個群體的文化行爲規範得不到另一群體的承認，就會發生衝

突，這種衝突的結果必然導致社會福利和消費平均化能力的削弱。

更爲重要的是，商品的內涵已由過去簡單的貨物概念延伸至具有廣義經濟價值的程度，它不僅涉及商品、貿易、金融等流通領域，以及產品設計、質量標準、包裝運輸等生產領域，而且深入對商品的審美、使用和佔有持不同心態的大眾消費領域。資本主義制度的發展是以商品生產的積累爲基礎，它包括了兩個方面的內容：一是由人力所創造的有形的具體的實物，如衣服、食品、房子、汽車、機器等等；二是由心力所創造的抽象事物，如理論、學說、道德、習俗等等。這樣，人做爲具有理性智慧及各種欲望需求的生命複合體，一方面要服從自己的生物性特徵和生存需要，另一方面也是做爲具有知識理性和集體心態的行爲者。即是說，不僅要把人作爲一個物質財富的創造者來看待，也要把人作爲文明的價值標準的創造者來看待。

如果把前資本主義時期的商品交換視爲一種集體福利的目標，那麼，家庭的實質在於共用，

家庭的維持必須對共同利益達成某些一致的默
契。由於家庭的生產活動只是爲了使用，爲了自
給自足，所以它不需要花費精力去盤算專業化或
勞動分工是否會更有效率，是否會使成員更富
裕，這時，需求是主宰一切的，像足夠的食物、
衣物、遮風避雨的住所、生病時的照護，以及性
愛、友誼等等。在前資本主義條件下，需求的目
標主要是靠人們自身地位來決定消費等級的，當
生產動機作爲追求個人財富和職業生涯象徵的時
候，就等於把身分的等級秩序轉化成一種金錢的
依附，或是一種透過個人努力實現個人美德和價
值的憑藉，當消費的衝動代替了禁欲苦行，享樂
主義的生活方式便湮滅了集體福利的夢幻。

　　在一定意義上，福利仍然是把一個社會結合
在一起的看不見的紐帶，它在經濟秩序中的無形
力量足以改變社會結構、企業行爲和價值特徵的
更新。例如，在資本主義全盛時期，對企業的指
望沒有別的，就是賺錢，它來自亞當・斯密讚揚
的利潤美德哲學，人們可以毫不羞愧地隨意追求
他們自身的利益，並自我安慰地認爲有「一隻看

不見的手」在指導他們去行動，去為廣大公眾的
福利服務。這樣，在一些企業家看來，市場是一
種非常庸俗的民主形式，意味著金錢和選票將會
隨之而來。它反映了一個事實，即利潤是一種充
滿感情色彩的東西，而利潤動機的神話可以與傳
統、母性、關愛、公平等這些神聖的字眼相互匹
敵。由於這種巨大的象徵性力量，利潤的動機往
往起著文化螢幕的作用，人們在這個螢幕上表現
他們對企業的忠誠，或是發洩他們對企業的憤
恨。

　　福利作為社會成員取得的效用或感受的滿
足，尤其突出「勞動生活的質量」這一概念，雖
然也涉及到特殊的物質滿足形式，但人們更注重
的是，依靠某種合理的工作關係和工作環境來設
計各種可供選擇的工作動機，因此，這也將成為
改善員工待遇和企業經營的中心內容，其根據在
於，人性的目標與經濟的目標均可以透過由勞動
者分擔生產責任和分享生產利潤來達到，人們在
相應的環境中越是勤奮工作，展現才能，掙的錢
也就越多。如果按照哈伯瑪斯的理論加以解釋，

「生活世界」乃是行為角色為創造性活動提供相
互理解的可能與建構性範圍的因素的總和，它作
為交往行為過程本身的產生來源，能夠與他的行
為目的和利益相關聯，並形成一個「創造性活動
的可能場域」。

　　由於不可避免的持續的社會進步，提高生活
質量的目標將使經濟成長帶來的得失相互抵消。
像以生存為目標的純物質消費，正在讓位於小型
汽車、個人電腦、低脂飲食和其他更為明確的生
活方式。還有節省能源的措施、迴圈利用廢料和
避免製造污染的生產、工廠和辦公室日常工作自
動化等等，正在把勞動力轉向更加多產、更能滿
意的專業性工作。因此，依靠高技術的革命來擴
大新市場，改善通訊、教育、保健工作及其他社
會需要，這一切都為企業的內部發展提供了更明
智的途徑。過去，在工業管理中占統治地位的是
「經濟人」理論，這種理論把人看成是沒有意
識、願望和感情的經濟動物，強調用簡單的物質
刺激和懲罰就可以實現管理，現在則必須把人看
成有情感、有個性、有價值追求的「社會人」，

如何使勞動者的創造動機和參與精神融入企業生
產中，就成為企業經營活動中必須面對的新課
題，其目標就是勞動者的創造才能得到進一步激
勵。像日本的許多企業鼓勵工人對工廠提出合理
化建議，對企業的生產起了很大的促進作用，美
國的企業也重視管理人員與藍領工人之間的情感
交流，因此改善了群體關係，利益的目標也更加
趨於一致。

　　在以往的經濟活動中，自由勞動力市場的理
想常常掩蓋了人們無法尋找合適工作這一嚴酷現
實，而勞動力的日益多樣化把不同性別、種族和
年齡的人以及不同的價值觀結合在一起，形成一
種對現實結構的挑戰，原因是舊的市場系統和企
業經營模式不會給人們提供環境保護、人身安全
和更多的衛生福利，而必須由政府的職責來體
現。隨著社會資訊化的發展，社會測量的能力在
提高，這使企業必須在利潤動機之外，學習那些
非政治協作的技巧，其內容就是利用那些不同程
度的參與精神，使產業組織釋放出更為有效的生
產潛力。美國有一家迅速發展的連鎖貿易公司，

就把企業的成功歸結為一種共同的成就感——為我們的顧客、我們的雇員、我們的股東和我們在其中做生產的社區服務。日本松下公司也提出，企業真正的目的是有益於民族國家，辦法是生產質量和價格都令消費者滿意的產品，向政府納稅和向股東分紅，這都做為一種雙贏的策略，融入經濟共同體的多重目標之中。

當然，也有許多的人認為大公司受利潤支配的行為已不再合理，原因是企業的經營者和股東們囿於他們給自己規定的舊角色，一直把帳本底線的表面價值作為企業成功的標準，因而只能使自己表現為社會的敵人，這是舊資本主義的悲劇性缺陷，而現行的工業制度並不鼓勵為公共福利服務。其實，當相互的利益關係將人們結合在一起時，冷酷的實業家形象也會逐漸消失，彼此結成更有助於生產和令人滿意的關係。如此看來，一個繁榮與和諧的世界在動機之外是可以被人們接受的。這種經營有方的策略是：經濟成功不再是因為貪婪，相反的，持久的成功產生於較多的給予和較少的索取。在這裏，創造個人幸福和公

共福利的動機是否會帶來一種使人無所用心的麻木狀態呢？這是人們一直關注的。在一些發達工業國家，隨著財富和休閒時間的增加，人們的工作熱情正在減退，並設法逃避。而那些發展中國家，由於財富懸殊以及對大多數人休閒的剝奪，又使人的精神貧困化，從而產生了更多的厭煩心理。

　　在多數西方國家，人們已經把社會福利視為一項理所當然的權利，並將之稱為「階級鬥爭昇華」的結果。一些實行國家干預和調節政策的政府機構，也把建設「福利國家」作為經濟目標。「福利國家」的政策包括，國民收入在個人、行業、階層和地區之間實行「均等化」分配；國家對教育、住房、職業、婚喪、醫療保健及未成年子女養育提供各種補助、貸款和免費服務；對年老、傷殘、失業等公民實行社會保障；對一切希望得到工作的人提供就業機會等。這種福利國家的模式，又被稱為「管理資本主義」（managed capitalism）。但是，國家一方面實行高福利、高稅收，一方面還要照顧企業和公司的利益，這是

很難維持長久的。當資本感到無利可圖時，就會在各個方面反對福利國家的政策。「資工罷工」即是通常採用的一種手段，結果是導致本國資本的大量外流。

第三節　游離不定的金融資本

在概念上，貨幣資本為了逃避不利的政治、經濟或競爭形勢的影響而從一國向另一國大規模轉移，稱之為資本外逃。其後果是使發生資本外逃的國家出現鉅額國際收支逆差，接著又醸成大規模的貨幣投機浪潮，迫使政府實行貨幣管制，以阻止資本繼續外流，從而對經濟產生不良影響。若從資本外流的內層原因探究，可以得知這並不是一種單純的金融資本投機的紊亂現象，而是深受資本主義經濟增長及通貨膨脹緩慢下降的影響，這一切都表明世界已經具有過剩的生產能力。

一般地說，在現代經濟危機中，金融資本與產業資本的惡性互動，是促使危機加速發展的原

因。十九世紀以來的歷史證明，由繁榮到蕭條的發展過程都跟隨著一個基本模式：首先是產業部門生產力快速發展，產品大增，但社會的有效消費需求跟不上，生產與消費脫節，企業因而減產，並解雇工人。減產導致投資需求減少，解雇則使消費不足問題惡化。影響所及，生產與消費脫節的現象演變爲社會總合供給與總合需求失衡，企業破產倒閉和失業問題加劇。這時爲企業提供資金的銀行就會驚慌撤回資金，並減少貸款，加重企業的困境，反使壞帳增加，甚至殃及銀行破產。隨著股市、匯市、樓市等金融市場的興起，由供需失衡所引起的初期病症，不但會導致金融資本與資產市場的惡性互動，更會造成金融流向的劇烈波動，進一步衝擊企業和銀行。當金融資本市場因過度投機，而引發泡沫經濟時，情況特別嚴重，由產業部門的供需失衡引起的赤字增加和貨幣貶值，便成爲經濟危機的導火線，三〇年代的大蕭條由此產生。在當代，因國際金融市場衍生的投資工具多樣化、市場交易電子化、金融自由化和全球化等因素，使危機發展的

力度和速度更甚於從前，尤其是金融資本市場的泡沫效應達到高峰時，危機一觸即發，並迅速引起連鎖反應。

美國學者奧默羅德（Paul Ormerod）寫下一部《蝴蝶經濟學》（*Butterfly Economics*），企圖建立一個新的經濟預測法則，即經濟學必須擺脫十九世紀的決定論，並承認世界是混沌的，非機械的和不可預測的。他的書名也來自混沌理論家所說的「蝴蝶效應」。這裏，「蝴蝶效應」是一個類似滾雪球的概念。一隻蝴蝶在太平洋振翅所產生的空氣旋渦，從理論上講幾天後可能在大西洋引起颶風。這種理論乍聽起來讓人摸不到頭腦，但它指出了一個事實，即「個人的行為可能直接受其他人的行為所影響」，像時尚、股市暴跌和經濟大雪崩等全都是由細小原因引致巨大事件的例子。

如果借用「蝴蝶經濟學」的理論，可以得出，亞洲經濟危機也是資本主義體系本身的問題，由於每天至少有數萬億美元的鉅資被用於「賭窟資本主義」（casino capitalism）的非生產性

投機交易，致使對沖基金可以藉其龐大實力在亞洲開發中國家進行巧取豪奪，這樣，游離不定、來去無蹤的貨幣資本極易引起金融動盪，甚至造成經濟災難。東亞經濟發展模式從一開始就不是一個閉鎖的、自足的模式，而是向西方開放且與世界資本主義體系緊密聯繫的，這種資金、技術和貿易的廣泛聯繫使東亞各國被整合其中，經濟上的盛衰枯榮也與該體系息息相關。有些學者認為，東亞國家在短短的幾十年裏就衝刺出歐洲和美國花幾個世紀才取得的成績，其中，西方的工業基礎功不可沒，所以東亞爆發性的成長是奠定在西方工業強國的肩膀上的。它以較便宜的成本模仿並製造西方開發出來的產品，後來才慢慢改進，生產出品質較高的產品，從模仿走到自行設計的日本就是最好的例子。也有學者不同意上述觀點，強調東亞經濟高成長的主要原因是私人投資及人力資源投入的迅速擴大，同時也得力於有效的公共政策和管理體系，教育普及帶來的勞動力素質改善，引進外資導致的技術進步，使生產力得以提升，經濟高成長得以持續。

　　從東亞模式的特徵看：第一，在社會文化方面，集體利益重於個人利益，而家庭被看成是集體主義價值的原型組織，個人為家庭利益而辛勤勞動，這是東亞經濟成功的主要社會動力；第二，在政治方面，威權或半威權體制保證政府政令可以通行無阻，並有助於養成馴服的勞工隊伍以降低生產成本，使資源可以集中運用而不致被各種自利性的利益群體所分割，而個人恪守社會層級組織的定位和倫理秩序，可以強化威權體制的效能，增加政治和社會穩定；第三，在經濟方面，政府與企業配合，實行出口導向策略，以出口工業品及勞務賺取外匯，作為累積資本、厚植經濟實力的手段，與出口導向密切相關的是，政府制訂政策獎勵外貿和引進技術，同時實行低工資政策，以便建立一個低成本、高產出的製造業部門，爭取大量出口；第四，從儒家重視知識和教育的傳統出發，凡受儒家文化影響的東亞國家，無不致力於推展國民教育和專業技術教育，使之成為經濟發展的重要因素。

　　但是，剛剛建立富裕基礎的東亞地區極缺乏

安全感。由於東亞地區天然資源少，基礎建設差，生產的產品種類少，外銷的市場又過度集中，而且外銷的產品都是工業附屬品，不是原油、糧食、藥品等民生必需品，一旦西方市場喜好改變，採取保護主義或價格大幅削減，東亞國家就會受到傷害。此外，東亞國家相應缺乏健全的政府，太依賴西方的科技與資金，致使東亞的經濟更為脆弱。更嚴重的是，東亞國家是構想與知識的輸入地區，本身的教育體系未能發展出原創性的研究，因而在國際競爭中處於不利地位。這種狀況十分接近「帕累托效應」（Parisian Optimum），即生產資源的配置已經不可能使任何一個人的處境變好，除非至少使另一個人的處境變得更壞，這樣，當金融危機來臨時，便頃刻陷入一片混亂。

　　自危機爆發以來，索羅斯（George Soros）的名字在東亞地區突然變得家喻戶曉，人們不僅把他看成亞洲經濟危機的始作俑者，甚至痛罵他是「金融恐怖分子」，好似狂魔現世，撒旦重臨。在這種情況下，一個高度漫畫化、妖魔化的

索羅斯形象，正好提供一種心理解脫，給「亞洲
奇蹟」的破滅找到一個簡單的答案。由於索羅斯
已被定型爲西方資本主義的代表，這樣，仿佛資
本主義也就成了只能進行個別投機活動的金融大
鱷，而索羅斯既然熱衷於推動俄羅斯的民主政治
及自由市場的改革，也會同樣以東亞爲突破口，
迫使這個地區向西方自由市場模式臣服。其實，
如果拋開這些表面印象，還可以看到他的另一
面。

　　索羅斯是匈牙利裔美國人，幼年經歷過納粹
德國的佔領和匈牙利的共產制度，後來移居英國
讀書，是英國自由主義哲學大師波普的學生，深
受其開放社會的理念所影響，他進入金融投資事
業之後，又資助和推動在世界各地落實開放社會
的理念。可以說，在當今世界上，能以市場的密
切參與者身分進行實證研究，而又兼具價值反思
能力的銀行家，顯然廖廖無幾。透過全球資本主
義這一基本事實的仲介，世界能否渡往自由王
國、社會是封閉還是開放的，成爲極具啓發性的
思考。索羅斯認爲，民族主義在俄羅斯和巴爾幹

半島正取代共產主義而崛起，但在這背後興起的
實質只是一種「強盜資本主義」，他抱怨西方國
家對前蘇聯和後來的俄羅斯的援助太小太遲，無
法把握時機讓蘇聯更有秩序地進行改革，或讓解
體後的前蘇聯走上開放社會的正軌。這個開放社
會是以西方先進國家爲楷模的，他的開放理論也
自然帶有一種後冷戰的味道。

　　索羅斯在他的新著《全球資本主義危機》一
書中，並不止於對共產主義的剖析，而是遍及一
切社會制度和人爲建構，尤其對全球資本主義進
行了尖銳的批駁。他指出，市場根本缺陷的枉
顧，已使市場基本教義成爲全球資本主義的最大
危害，也成爲實現開放社會的最大障礙，其原因
在於它妨礙社會改錯機制的建立，甚至侵蝕原有
的議會民主。在索羅斯眼中，全球資本主義體系
只是一個扭曲了的開放社會，實質上是一個抽象
的帝國，它有它的中心和邊陲。他認爲亞洲經濟
危機不能簡單地歸咎於所謂亞洲價值、裙帶資本
主義、官商勾結體制等那些令完美市場不能實現
的外因，而是在承認這些現象的同時，指出在其

背後的是整個國際金融體系的缺陷和內在的不穩定性。他提出，在全球經濟一體化的前提下，人類卻缺乏一個有效的全球政治架構，以及一個真正的全球社會，而當前的全球資本主義體系卻沒有推動朝向民主的力量，而是挽救了一個又一個的前極權主義國家，所以，市場基本教義構想出來的全球世界，強調單一市場價值而忽略其他社會價值，並不內含一個有效的民主改錯機制。索羅斯嘗試從黑格爾、馬克思等歷史階段論的迷霧中拯救出辯證思維的精髓，從可錯性的波濤澎湃中頓悟，體證歷史的折射從市場的基本教義中解脫。

第四節　專業壟斷的衰退趨勢

　　人們對東亞金融危機的審視，最終發現其實質是信用危機。所謂信用危機，指的是社會用以評價和傳遞信用的制度出現了危機，而旨在評價與傳遞「經濟信力」的金融制度，總是歷史地依賴於社會、文化、政治、經濟狀況的某種形態

中，且總是與具體社會裏的人的行為模式相配合。

　　像金融與企業不可割鏤的關係，至少表明不允許企業隨意解雇工人，這相當於割斷了企業家能力與利潤之間的有機聯繫，即企業家的失業，如果企業的創新動機降低，企業就承受不了競爭的資本市場環境的壓力，而傾向於破產。所以缺乏企業家利潤機制的金融市場，是不可能發展出一個競爭的、有成熟度的、不斷降低交易費用的市場，而交易費用高昂的金融市場，最可能發展成投機泛濫的場所。這兩方面的問題都涉及到經濟秩序和金融體系的重新建構。

　　自九○年代以來迅速發展的高新技術，幾乎觸及工業、農業和服務業的所有部門，成為西方發達國家和新興工業國家經濟繁榮的關鍵，其特徵是，全面開發新技術，加強全球競爭力，並創造一種低通膨的環境。新聞媒體對此也大加渲染，如美國正在承當世界資訊產業的龍頭；歐盟在著力建設「知識化社會」；德國在確保技術經濟大國地位；芬蘭追趕電子資訊業浪潮；加拿大

時興「遠距離工作」；日本走向數位化時代；印度夢想成為「超級軟體大國」；韓國提出建設「頭腦強國」；馬來西亞、新加坡、泰國聯手組建「多媒體超級走廊」等等。這說明了，當代的經濟技術進步基本上再也不僅僅侷限於重的、看得見的東西，如鋼鐵、汽車、機床等，而主要圍繞著輕的、看不見的東西，如晶片、軟體、遺傳工程等。因此，經濟發展的重心不僅集中在人的教育和能動性的調動方面，也將轉向專業技術高速和有效資源的合理配置方面。

　　過去，傳統的經濟理論只考慮生產中的兩個因素，即資本和勞動力，新經濟理論則是將科技因素作為一個最重要因素考慮進去，它可以提高投資的收益，使技術更有價值，是一個良性迴圈的新增長模式。但是，技術也會建立一種壟斷的力量，將增長視為一種獨佔現象，這將對過去的產業結構和專業設置形成潛在影響。羅默（J. Romo）的理論就是把技術置於經濟發展模式之中，例如，微軟公司研製出第一份視窗軟體可能要花數億美元，但第二份花的錢幾乎可以忽略不

計，所以，儘管軟體複製成本很低，但它的發行卻不是免費的，巨大的利潤也因此源源而來，這說明以知識爲基礎的經濟也會造成壟斷或半壟斷的情況，會使競爭變得更加激烈。

英國資深記者麥克雷在他描繪二十一世紀經濟前景的書中提出，經濟成長仍是未來各國決勝的關鍵，這是擴大國家對世界影響力的重要基礎。他認爲，締結過去經濟成就的土地、資金、自然資源等以量取勝的條件，都將成爲過去，取而代之的是強調質的要素，包括了下列三項：品質（quality）、動機（motivation）以及紀律（disciplines）。他指出，翻開各國成長的歷史可以發現，國家爲了經濟成長，可以容忍一時的貪污和混亂，以廉價的勞工與豐富的天然資源，創造出爆發性的成長，是一條普遍性的規律，但這絕非長久之計，因爲未來經濟眞正的優勢是文化與知識財產這兩個非常人性的資源。

對於一些發展中國家來說，不必在純科學研究上花過多的人力、物力資源，而直接引進發達工業國家先進科技的做法，是一種「搭便車」的

經濟行爲，一般都帶來了巨大的效益，人民生活水平提高，社會財富總量增加。然而隨著新技術產業的迅猛發展，以及經濟全球化帶來的壓力，許多發展中國家在利益機制的變動中處於更爲不利的地位，那些掌握了高新科技領域的跨國公司正在全球範圍內擴充它們主宰的領地。因此，要在這樣的環境中繼續生存下去最終將取決於經濟技術的整體水平，這勢必帶來產業組織、社會結構及心態價值的深層變革。

事實上，以勞動力和自然資源爲主的一般日常消費品，由於供給和需求彈性的差異，在世界市場都面臨著貿易條件惡化的挑戰。需求彈性高的耐用品產業由於開發能力不足，使得使市場擴大受到限制，生產能力大量閒置。投資需求雖然呈現旺盛而不衰，但由於深受資金能力的限制，舊的專業生產部門往往又陷入高投入、低回報、慢運轉、零效益的惡性循環，而使其經濟能力普遍下降。需求價格彈性很低的勞動密集型產品的大量輸出，造成出口產品的價格降至最低水平，同時，原材料的大量進口又提高了國際市場價

格，進而又抬高產品成本，進一步降低競爭能力。長期靠專業壟斷的舊資本主義模式因此面臨進一步衰退的趨勢。這說明，無論發達工業國家，抑或開發中國家，都必須正視經濟前景中的潛在陰影。

新經濟革命雖然強調技術的優勢，卻面臨金融體系的強大制衡。過去一百年積累起來的各種問題，非但沒有隨著二十世紀的逝去而消失，還可能以更加扭曲的形態爆發出來，使社會為此付出更高的成本。正如華爾街股市牽一髮而動全身，全球股市將應聲起跌一樣。這似乎表明世界真的越來越一體化，而代表著資本主義強勢力量來領導這個一體化運動的正是世貿組織、世界銀行和國際貨幣基金會。在這個過程中，不排除西方經濟強權與一部分跨國公司聯手，打著幫助貧困落後國家建設的招牌，利用貸款和鉅額債務進行不合理的國際分工，使這些待開發國家接受改頭換面的「金融殖民」、「技術殖民」，並把生態環境危機轉嫁出去的動機。

近年來，產業兼併的風潮迭起，反映了國際

金融重組的大趨勢。這也可以看成是對全球資本主義已經發生的滄桑巨變的一種測量。雖然說，透過公平競爭實現的公司兼併，顯示了當代資本控制市場上的一種新的透明性和公開性，但是，歐洲連續發生的旨在產業金融改造的惡意收購卻連連得手，風險資本、融資收購、公司合併也因此風行一時。結果是，舊的公司正在萎縮，新的企業不斷出現，使多年來資金一直輸出超過輸入的歐洲被迫開始從外國金融家那裏吸引自身所需要的投資。這樣，投資機制的多元性改變了傳統的控股形式，反映了資本主義的重大變化，而公司控制權的真正市場的建立，使那些管理者和生產者們必須對公司的經濟績效負起責任。

隨著大量股票分散到許多新的所有者中間，歐洲新興的股東文化因此將大大受益，理由是消極的股東應該讓位於積極的投資者，他們待機尋找估價過低的資產以期獲利，對股份的爭奪也為收購和公司合併提供墊腳石，由此產生的巨大好處是使管理者兢兢業業。過去，金融機構所感興趣的主要是保住自己作為公司的銀行或保險代理

的特權地位，而不是滿足充當苛刻的股東。現在則不是這樣，銀行正在退出利潤極少的向企業放貸的業務，而爭奪實業界的股權。這樣，「股東資本主義」（shareholder capitalism）的到來爲更多的兼併交易創造了條件，這說明歐洲的產業結構和金融結構正在發生巨大的變化。在這個過程中，可能會遇到前面所說的徬徨和挫折，但方向是明確的，因爲這種資本主義方式將會更加透明、更加高效，而且更加爭得你死我活。

在馬克斯・韋伯那裏，工業理性是統治一切的法則和最高權威，他眼中的世界就像一架精巧的機器，人類的理性不僅能窺透全部的奧秘，而且人類社會可以藉由理性的規劃、設計而臻於完美。當代著名經濟學家哈耶克（F. A. Heyek）卻堅信人類許多偉大的制度都是無意中形成而被發現的，並不是出於某個天才頭腦的理性想法。反映在經濟學當中，就形成哈耶克所認爲的兩種對立的經濟思想：前一種思想認爲，人類理性的規劃完全可以代替自發、盲目的市場競爭機制，用有形的手代替那雙該死的看不見的手，相信統一

的計畫要比雜亂的市場做得更出色，借助理性可以形成完美的經濟秩序；後一種思想則表示，一種自發的、非理性的、至今不為人們所掌握的力量，來自市場競爭機制，這一力量不僅形成經濟秩序和社會秩序，而且這種秩序要比任何一個權威機構或天才人物所設計的社會更加合理和符合人的需要，因為人類事務中所發現的絕大部分秩序都是個人活動不可預見的結果。

　　哈耶克認為，國家或政府有意識造就的那部分社會秩序僅僅是全部社會秩序的一小部分，而大部分社會秩序則是自然完成的。他舉例說，強權可以驅使人們去建造金字塔，去完成一項偉大的長城工程，卻不能完成工業革命這樣的壯舉，一個原因是，在國家統制一切的情況下，人們之間缺乏自發的強有力的社會組織，人們變成孤零零的個體，個人之間任何創新的活動都被扼殺，一旦強權暫時消失，一盤散沙的自然狀態將不可避免。哈耶克指出，相信傳統經濟模式可以為所有社會成員提供較多的保障，不過是一種信仰的反映，因為人類處在十字街頭必須排斥的第三條

道路，從而選擇兩種不可調和的社會組織，一種
以商業為特徵，另一種以軍事為特徵，哈耶克這
樣描述兩種選擇所包含的內容：「競爭經濟憑藉
的是地主，計畫經濟最終求助的是劊子手。」

　　結論是，人們獲得報酬要憑藉他們的知識和
各自的目的，有一部分要歸因於他們既無法控制
也無法預見的環境，如果他們以自己的道德約束
指導其行為，那麼就不可能要求他們各自的行為
對不同的人能夠產生相應的公平分配的理想，由
此說來，自由和報酬是不可分的。市場經濟有一
種自發的特殊秩序，這種秩序產生於人們按財產
法、民事侵權行為和合同規定辦事的市場活動之
中。顯然，哈耶克對非政府的、民間的、自發的
社會組合傾注了極大的熱情，因為自願組成的經
濟共同體，通常比用強制力量形成的制度組織更
加有效。

第五節　市場規則與雙贏策略的統一

　　如果說資本主義企業在二十世紀取得什麼教訓的話，就是光有經濟上的成功是不夠的。僅僅在數年前，企業只爲其老闆和股東賺錢的觀念還是不容置疑的，但在一個有不同利益團體共同關心經濟效益的今日，企業正在變成必須完成雇員、顧客、公眾和投資者的「多重目標」的開放體系。正像當時農業時代轉變爲工業社會時封建莊園最終被製造公司所取代一樣，舊的以營利爲主的企業也應該改組爲一種「多重目標的機構」，即市場規則與雙贏策略相統一的經濟共同體，以滿足新資本主義時代的需要。

　　其結果是引起一場經濟學上的革命，即承認社會影響是企業固有的組成部分，從而使社會共同利益體現在公司經營的實質中，這不是出於利他主義的動機，而是爲了藉由發展更強大的企業，而把社會需要與巨額利潤相結合，以便在未

來的競爭中生存下去。由於職業的目的本身受到懷疑，管理階層感到失去了存在的意義，實業家們也承認舊的「以利潤爲主」的商業思想日益沒落，強烈感到失去了他們的特權，即資本的特權。社會責任正在爲富饒的社群理想而負擔，因而，迫切需要一種新的價值意識來調和企業利潤與社會福利之間的矛盾，這就是企業必須向更高級更複雜的形式演化，並更有效地與消費者、生產者、投資者、供應商、經銷商以及政府組織打交道。或者說，公司不僅僅是經濟工具，更是一種擴大了的「社會有機體」。

以前，公司是一個封閉的私有體系，透過不受個人感情影響的市場機制與環境隔離，專爲它的投資者和管理人員服務，而顧客、公衆和工會組織則被看成是外部利益。這樣，消費者的造反、雇員的參與、政府的管制引起了一系列干預，這種干預壓制了市場系統，迫使公司爲社會福利目標作出讓步。現在，人們開始懷念原先那種能夠保持更大的利益共同體的活力和效率，因爲大家意識到，公司是它的組成群體的創造性綜

合體，沒有這些組成群體就沒有意義或目的，儘管舊的公司等級制給人們一種控制感和危機感，以及有關個體生活狀況和品格腐蝕的線性陳述。然而，離開了財富創造的自由企業制度，就無法實現加諸在人們身上的社會使命。

哈勒爾認為，美國經歷了三個階段的文化過渡，才最終確定了一種價值觀念的共識，即：六○年代的學生造反向無限的物質進步概念提出了挑戰；七○年代尋求某種高質量生活方式之後自我價值的發現；八○年代嚴峻的現實導致人們更高地評價內心世界的滿足。由於青年一代超出了過去那種對物質的關心並發展出一種獨立意識，電視、電腦和互聯網路的普及也引起整個社會意識水平的提升，這樣，一個更有爭議和痛苦的淨化時期，粉碎了被證明是非常空虛的舊式的美國夢，並打開了對傳統工業體系表示嚴重疑慮的潘朵拉盒子。當這些古老的神話從美國的性格中被剔除出來，強大的新能量才能被釋放，中產階級作為新資本主義的中堅力量才能因此重建某種責任感。

　　在持續的經濟不景氣的日子裏，人們面對的
主要問題是如何打破消費與更高價值之間的平
衡，全面改進商品、服務和生活條件的質量，恢
復比較有人情味的生活，雖然人們不會放棄基本
的物質享受，但在一個有著種種限制的時代裏，
他們必須減少能源、肉類和衣著方面的消費，重
複使用廢舊物資，過度的消費讓位於明顯的節
制。甚至連富裕的雅痞家庭（夫妻同時工作）也
往往發現到很難去維持「美國夢」所要求的那種
大手法的生活方式，這使「自願簡樸」的生活倫
理學得以傳播，這種倫理學力求把生活降低到更
能得益的人類基本要求，從而掀起一股熱衷於旅
行、冒險、藝術欣賞、動物保護、宗教活動以及
其他有目的的愛好的浪潮。這種變化，意味著人們
渴望更加完美的人際關係，和對個人家庭、工作
場所、社區、國家的責任感，以及對簡單的生活
方式的最終認同感。許多人認為，這一切都有助
於恢復對傳統價值的信念。

　　更重要的是，在一個可以維持增長的勞動力
機會成本的工資水平下，對富裕環境的勞動供給

將超過需求，而資本雇傭者的願望是繼續產生利潤並帶來更大的成長，因為在相對平衡的工資和技術水平下，成長的刺激仍然來自雇傭因素的擴大。隨著經濟產出對社會時尚的誘引，象徵小家庭、私人汽車、城裏的住房、簡單的飲食、普通牌子的商品，以及其他以注重實際形式的中產階級生活方式得到了讚揚，並迅速向社會普及。顯然，這種較為固定而且普遍推廣的資本主義生活模式，也是技術與深層價值結合的產物。它的核心是不失時機地利用日益發展的高技術能力，透過各方面的增長去滿足人類的需要，並把人類福利增加到最大限度。可見，現代經濟的目標不僅僅在於調和勞動者力求在衰退的大煙囪工業中保住工作與要求減少人工成本以對付競爭性企業間的矛盾，而且還要顧及到如何解決以即將毀滅的環境換取物質繁榮與以犧牲生產效率維持儉樸生活之間的矛盾，而有益的生產機制和生態保護將有力量來創造一種舒適的新生活，同時保持社會關係的和諧。

　　相信資本價值的人們，往往強調不需要借助

任何現實的力量，只憑著優越的科學性和普遍性
便可以在社會廣爲推廣，並保證社會中每個人都
能帶來極大的富裕，一切的爭鬥和衝突都可以煙
消雲散，這顯然是與社會環境脫離的。正如理性
承受不了理性的批判一樣，自由經濟本身也承受
不了自由主義的窮究，因爲極端的個人傾向可能
會使社會力量嚴重失衡，而現實社會力量的失衡
正是造成資本統治和權利差殊的基礎。由於絕大
多數人並不具有分析和綜觀錯綜複雜的社會生活
的能力，也不具有敢於犧牲眼前利益換取全社會
共同福利的勇氣，因此，只能讓一小批精英或超
人成爲他們的救主，來引導他們爲虛無的長遠利
益而犧牲眼前的實際權益，可惜這只會再度使社
會墮入黑暗和貧困。

　　在西方的價值觀念中，往往強調貧困基本上
是人爲的，它基本上也可以由人來消滅。所以，
向貧窮宣戰的前提是社會更大量地生產，以使人
人變得富足，然而往往又忽略了在社會財富總量
有限時，必須取之於富者、予之於貧者的基本道
理。世界上許多國家和地區朝向發財致富的大規

模進軍，已經讓無以數計的人們從中得到了好
處，這不僅意味著人類有可能遠離貧窮的困擾，
同時也意味著人們因此可以傳播資訊、擴大交
往，以追求更高品質的生活。人們越來越發現，
窮困問題不光限於經濟範圍，健康、教育、社會
關係和企業管理也包括在內。即是說，一個經濟
共同體所包含的全部內容都與擺脫貧窮有關，所
以資本並非是人們要取得起碼的生存條件而必須
加以克服的唯一的負面因素，諸如清潔的水源、
民生設施、保健服務和教育普及等，也是影響人
們生產和生活水平的重要因素。

　　為了對付反覆無常的「滯脹危機」，西方國
家往往採取刺激消費需求的政策，實踐證明這種
措施只能奏效於一時，它不僅不能克服週期性危
機和大量失業，而且還帶來嚴重的社會對立和政
治衝突。九○年代以來，美國以「重振經濟」為
政綱，針對巨大的財政赤字和沉重的聯邦債務，
提出增稅節支、削減財政的具體辦法。即對富人
徵稅、對中產階級減稅、精簡政府機構、減少人
員開支、進行福利制度改革等；之後又提出「中

產階級權利法案」，以幫助提供教育、購房、醫療保健和養育孩子的費用等，這些措施顯然借鑒於歐洲福利國家通行的某些經驗。這表明，「新資本主義」做爲一個開放體系，不僅要具有自我調節的功能，也要有自我成長的能力。雖然，美國仍很難擺脫一個世紀以來加諸之上的「金元帝國」的可憎形象，但它所創造的歷史經驗和巨大財富卻爲人類擺脫貧困提供了最明確的希望。

　　曾經目睹和參與一場深刻歷史變革的前美國總統尼克森（Richard Nixon），在他的回憶錄裏這樣寫道，做爲經濟制度，資本主義已經擊敗了共產主義，但是共產主義在理論上的吸引力之大仍足以擊敗資本主義。資本主義同共產主義不一樣，不是宗教，而是一套道德上屬於中性的經濟原則，它是工具，它的本身並非目的，所以既能用以做壞事，也能用以做好事。但是，從一種深刻的定義來講，資本主義哲學掌握著理解我們自己和我們國家在世界上的前途的鑰匙，這種哲學創建了規定個人、社會和國家之間的適當關係的原則，這種哲學推動了全世界的民主革命，這些

思想幾乎有普遍的政治吸引力，它的目的不是建立一個十全十美的社會，而是保障人們在進入社會以前所擁有的自然權利。他認為，只要人們徹底去除烏托邦思想的陰影，而只要爲所有人消除貧困，人類是可以取得巨大進步的。（Richard Nixon: In The Arena）

Mirror In The Arena

第五章　混合模式── 溝通不同社會的世界秩序

　　近一個世紀以來，社會主義和資本主義作為各自用來組織社會的哲學體系，已經深深紮根於人類對未來理想的終極關懷中。哈伯瑪斯（J. Habermas）曾就此指出，日常生活的現代化和產業無產階級的形成，取決於資本主義秩序強制消滅農民和手工業者的文化。所以，構成社會主義思想的，是克服資本主義合理化過程簡單化的可能性。紀登士（A. Giddens）也認為，社會主義的吸引力歸功於資本主義的缺點，反之亦然。他指出，馬克思理論的力量在於它解析了十六至十七世紀歐洲傳統的經濟企業模式的一次巨大而又劇烈的轉變，並為解決貧困和不平等問題提供了

一種特殊性方案。

　　事實上，在認識資本主義的客觀作用和能量的同時，馬克思一直認為資本是骯髒的，沒有一點道德可言，他因此深信一個在全球範圍內製造貧富分化、破壞環境、爭奪資源以至不斷走向局部戰爭的制度是不可能萬世長存的，而最終由理想中的「無產階級國家」所代替。然而，在蘇聯共產主義的模式下，消滅資本主義的實驗卻帶來意想不到的後果。普遍實踐的「消滅私有制」並不能保證沒有剝削、壓迫和人性異化，將一切經濟資源和社會權力以「公有制」名義集中在少數精英手中，更無法保證會出現一個公正合理的社會制度。最終，人們所看到的，是東歐及前社會主義國家轉型後正在以新的名義重現早期資本主義社會的不公與矛盾、重現馬克思所描述的社會命運，並由此產生了把昔日理想化成煙雲的能量和思想。

　　社會主義和資本主義作為意識形態，都是近代民族國家形成以來所出現的不同取向的價值符號系統，這是兩種有關現代化經濟和政治制度的

理念。儘管對這兩種社會形態的選擇已經不再具有對抗的意義，但並不能因此替代民族國家的利益訴求和公民訴求。在很大程度上，第三世界的再度興起，就是對兩種社會模式做出唯一選擇時的一種妥協，是在蘇聯式的集權主義體制與歐美式的自由主義經濟之間尋找一條出路。或者說，是在社會主義理想的社會公平與資本主義現實的生產效益之間謀求一條融合之道。從歐洲工黨、社會黨奉行的基本策略來看，各種政治經濟制度的實驗也都以兩種社會模式的得失作為借鑒，從而豐富了歐洲社會主義的理想，並產生越來越大的影響。隨著全球化的到來，混合模式正在成為連接社會主義和資本主義的世界秩序，這種秩序最終是要把資本主義和社會主義的意識形態綜合成一個共同的概念框架。

第一節　信仰與危機

在西方學者眼中，馬克思是一個標準和傳統的哲學家，或者說，是一個世俗的「神學家」，

在對技術經濟、對文化社會形態的影響上，他展
現了經久不衰的洞察力和現實性。然而，馬克思
對剩餘價值、資本累積以及經濟恐慌的看法，與
近代經濟學理論卻截然不同，他不認為這是不均
衡所產生的暫時現象，而是資本主義制度日益擴
大的矛盾的一環。有人說，馬克思青年時是一個
激進分子，但他的激進主義是屬於哲學性的，而
非政治性的，當有人指控他是共產黨人時，他的
回答簡直令人難以相信：「我根本不知道共產主
義為何物，我只知道一種以維護受壓迫群眾為目
標的社會哲學。」

　　可是，由於忽視各種現實領域之間的既定關
係，導致馬克思的歷史解釋與現實進程的相背
離。實際上，馬克思在世時，歷史進程的斷言和
出人意表，就已讓他不斷面對政治與現實間差距
的問題，每當一個超出其理論預想的事件發生，
他便試圖尋找將此事件納入其理論的可能解釋，
但終其一生，他也沒有完結這個過程。造成這種
結局的另一既失，是馬克思及其追隨者們將許多
具體的問題和需要限定的命題一般化、絕對化

了，由此造成的理論和實踐後果則是嚴重的。許多自譽爲社會主義者的實踐家，聲稱爲解決貧困和不平等問題提供了完整的科學的答案，但蘇聯、東歐的垮臺暴露出這是一種失敗的信仰。

馬克思的預見性之一，是在於他看到了當時德國小資產階級和農民所憧憬的社會主義圖景，即「把社會主義的要求同政治運動對立起來，用詛咒異端邪說的傳統辦法詛咒自由主義、詛咒代議制國家、詛咒資產階級的競爭、詛咒資產階級的出版自由、詛咒資產階級的法、詛咒資產階級的自由和平等，並且向人民群眾大肆宣揚，說什麼在這個資產階級運動中，人民群眾非但一無所得，反而會喪失一切。」馬克思甚至還預言，封建的社會主義「其中半是挽歌、半是謗文、半是過去的回音、半是未來的恫嚇。」（見《共產黨宣言》）細細品味這些充滿眞知灼見的話語，難免讓人產生一種感覺，就是說，馬克思在當年是否已經預示和宣告各種冒牌社會主義的最後命運。

從馬克思所做的對資本主義運作方式的描繪

來看，今天似乎比以往任何時候都能顯現出《共產黨宣言》的現實性，即資本主義的全球化趨勢正以其最殘酷的不可抗拒的力量將世界上所有國家的人們捲入其中，國際市場比任何時候都更加現實地決定著不同民族的生存，生產和消費更加世界化，金融資本正重新擺脫一切約束成為一種難以駕馭的異化力量，並且更深入地浸透到不同社會的文化、性、家庭、體育、教育、藝術等各個生活方面。同時，《宣言》所提出的資本異化命題——工人越是創造財富、越是貧困——不僅未被資本主義歷史所證明，相反卻在那些實踐社會主義的國家中得以再現。至於被斥為資產階級統治工具的民主政治，也成為前社會主義國家社會轉型的最有效的制度性渠道，從而使這些國家的下層民眾享受到從未有過的權利和尊嚴。

　　由於馬克思理論中所蘊含的強烈權力實踐導向，在二十世紀初激起了一個世界範圍的社會主義運動。究其歷史根源，可以追溯到中世紀西歐社會中存在的「千禧年社會主義」（chiliastic socialism）意向，它的信徒強調《聖經》裏面的

一個基本教義，就是上帝創造了世界讓世人來享用，人人可以藉由與自然或者與人的爭戰來占取或分享，有關的教義曾引發了一些異教徒的世俗運動。但是，與十八世紀前的空想社會主義者那種回歸原始公平的動機不同，十八世紀後的社會主義思想家都旨在探索幸福的未來。從十九世紀中期開始，馬克思在社會主義思想和運動中一直占支配地位，他對十六世紀到十七世紀資本主義的發展過程做了細緻的研究，認爲原始資本主義與工業資本主義是有區別的。綜合馬克思對早期資本主義的一些論述，可以看出他對未來社會構想的基本框架：(1)在未來社會中私有制已被消滅；(2)勞動分工已不復存在；(3)人類活動中的相互關心和合作已達到很高程度；(4)只有一種社會制度存在於人世間，國家、種族、宗教、階級、職業和地域城鄉的差別已完全消滅；(5)人們已徹底消滅了異化和疏離；(6)人們完全控制了自然。他因而強調「共產主義是人與自然之間以及人與人之間衝突的眞正解決。」（Karl Marx: The Economic and Philosophic Manuscripts of 1844,

Trans by M. M: Logan p.84 Moscow, 1959）

　　馬克思不僅爲後資本主義社會勾畫了一個基本輪廓，而且與恩格斯一起在《共產黨宣言》中提出了實踐的基本手段和方法，這包括：廢除私有制；徵收高額收入累進稅；廢除財產繼承權；集中銀行、信用、通訊與交通手段於國家手中，實行義務教育等等。然而，到了十九世紀五〇年代以後，馬克思在早期所勾畫的後資本主義社會的圖像，在他的後期著作中變得模糊不清了，並且愈到後期，馬克思對後資本主義社會的討論越少，他思想中的未來社會的構想也越是變得不那麼清晰。馬克思說，他不打算預測未來社會是怎樣的，認爲那是空想社會主義所做的事。或許，馬克思已經意識到對未來社會的構想超出了人類文明社會的技術可能性。作爲一個成熟和深邃的思想家，他心中形成的後資本主義社會的影像，實際上已變成他的內心理論世界中的既有所憧憬又有所懷疑的思想產品。

　　黑格爾的歷史哲學認爲，人類歷史的發展從低級到高級，經歷了「東方王國」、「希臘王

國」、「羅馬王國」和「日爾曼王國」四個階
段,而所謂「日爾曼王國」階段,正是資本主義
階段,所以從政治形態和經濟結構上,人類社會
必然走向資本主義,是不言而喻的。馬克思關於
人類社會發展階段的理論,顯然是繼續了黑格爾
的這一觀點,認定所有的國家和民族都會走上一
條從歐洲經驗中總結出來的發展道路,爲了找出
避免或抗衡這種規律的可能性,設想有一種國際
性力量去打破這一鏈條。馬克思一方面肯定資本
主義生產力的成果,另一方面認爲在一定生產力
基礎上可以建立不同的社會經濟制度,因此歷史
是可以選擇的。馬克思看到,在歐陸的資本主義
要過渡到有社會主義性質的社會形式,在短期內
可能很困難,所以他寄希望於當時俄國向保存的
原始村社的公有制性質,強調可以透過社會變革
來達成目標。同時,他又指出,雖然印度的農村
公社所處的歷史條件與俄國類似,但由於英國的
入侵而把印度所處的歷史環境破壞掉了,致使印
度的農村公社無法成爲新社會新生的支點。由此
可見,社會主義的實踐幾乎全都出現在那些有著

深厚的農村公社傳統，同時又保留大量的國家主義成分的東方社會中，這是一種普遍發生的規律。

　　馬克思、恩格斯曾引用「卡夫丁峽谷」這個典故，來說明俄國等東方國家有可能跨越資本主義這個卡夫丁峽谷，避開資本主義制度及其災難，透過吸收繼承資本主義創造的文明成果和成熟經驗，實現向社會主義的過渡。他們認為，跨越「卡夫丁峽谷」是有前提條件的，一是保留俄國原始社會末期公有制的生產和社會組織，使其成為「共產主義發展的起點」；二是吸收借鑒資本主義創造的有利於社會主義的工業文明成果，在此基礎上建立更高級的社會制度；三是西方資本主義國家無產階級革命的引發和推動。然而他們始終沒有看到這一構想的具體實施，倒是第一次世界大戰的混亂和沙皇俄國的衰敗，給俄國布爾什維克提供了一個不可多得的奪取國家政權的機會。開始時，布爾什維克只是簡單地遵循《共產黨宣言》中提出的實現共產主義社會的幾大措施，迅速將銀行、工廠和土地國有化，但在較快

地跨入一個沒有市場的完全靠行政控制經濟的努力遭受挫折後，蘇聯領導人不得不探索現實地管理國民經濟的有效方法。從第一個五年計畫之後，開始形成一個農業集體化、工業國有化、消滅私有制經濟並且實行高度中央集權的社會統治體制。儘管馬克思以及他的後繼者們均堅定相信人類具有合理駕馭和重組社會經濟的能力，然而，從蘇俄最初實行「戰時共產主義」起，一次又一次的實驗似乎都只是帶來災難。

　　馬克思主義從誕生之日到現在，已經經歷了一百五十多年的時代檢驗，然而它的輝煌時期已遠遠逝去，隨著蘇聯共產主義的崩潰，它的合理性也越來越受到質疑。首先，工業無產階級作為資本主義掘墓人的觀念，受到二十世紀歷史發展的挑戰，民族主義及其性別、種族等因素超越階級利益的可能，以及民族國家經歷不衰的生命力，使全世界的無產者不但未能聯合起來，反而在各種衝突中充當本國政治文化的捍衛者，加入戰爭的行列。此外，二戰後歐洲福利國家的興起，大大緩和了勞資矛盾，加上產業結構和科學

技術的不斷創新，白領階層和中產階級的迅速擴張，連「無產階級」的定義都成了問題，如馬克思提到的「工資勞動者」，現在則往往包括以前被視爲資產階級的管理者、科學家、工程師乃至銀行家等等，所以，一個革命的以推翻現存社會爲己任的無產階級至少在發達國家已經不復存在。

其次，在談到資本的生存條件，雇傭勞動不但爲私人資本所需要，也同樣從屬於國有資本，這在東歐、中國的改革過程中已得到證實，而國有經濟中的工人階級也不一定掌握生產資料，變革充其量只是使工人變成微薄股份的持有者，而無法成爲企業和社會的眞正主人。實際情況是，工人越是被說成是理論上的國家主人，就越容易失去基本的自由。至於「市場社會主義」模式，更是二十世紀的創造，顯然已經和馬克思等人論述的社會主義概念格格不入，倒像是《共產黨宣言》中描述的早期資本主義的憎惡形象。

「消滅私有制」的問題，現實中所有制或財產權並不像歷史共產主義的經濟理論所分析

的那樣簡單，因此，在一個經濟資源和權力集中在少數人手中的社會，剝奪個人所有權和財產權的過程，只是加速了社會的貧困化和等級化過程，並不能保證一定帶來的消除剝削、壓迫和異化。同時，個人權利的弱化使民眾無法眞正做到民主監督和民主制衡，那些化公爲私、瘋狂聚斂的各種腐敗也無法得到遏止。

第二節　融合與差異

　　從二十世紀發生的兩件最重要的歷史事件看來，人類因科學技術的有組織應用必然帶來的社會進步是無法抗拒的。這兩個事件，一是二十世紀上半期德、意、日法西斯陣營的垮臺，代表了民族主義極端派的覆滅；二是二十世紀下半葉蘇聯、東歐集團的瓦解，又象徵了共產主義激進派的消亡。這些事件帶來的啓示，不僅宣告了「歷史目的論」的破產，也成爲人類擺脫極權主義境遇的最佳省思。

　　當二十世紀開始時，起支配作用的意識形態

大多數都是十九世紀工業革命的產物，像自由主義，它在經濟領域意味著自由市場資本主義，在政治領域意味著自由民主制度。最能代表自由主義及其經濟政治屬性的強國，是美國、英國和法國，這是國際體系中的西部強國。

在右翼與自由主義抗爭的是保守主義。在經濟上，它意味著政府對自由市場資本主義實行限制；在政治上則意味著政府對民主主義政黨實行限制，最能代表保守主義及其獨裁主義屬性的是德國、奧匈帝國、俄國和日本，這是世界體系中的東部強國。

在左翼與自由主義抗爭的是社會主義，在經濟方面，這意味著主要工業和公用事業的國家所有制；在政治方面，這意味著「人民民主政治」的實現，但是在二十世紀初，沒有一個強國能代表社會主義及其屬性。

然而，第一次世界大戰和「紅色恐怖」卻為意識形態的演化留下了清晰的印記，自由主義者變得更崇尚民主主義，社會主義者更崇尚馬克思主義，保守主義分子則更崇尚民族主義，一些人

甚至變成了法西斯主義者。可以說，第二次世界大戰的結束也對意識形態的簡化起了重要的作用，使法西斯主義和國家社會主義退出了爭論，並使剩下的兩個意識形態家族——自由主義和共產主義——在漫長的決鬥中彼此對抗，這種決鬥發展成了冷戰。

　　在二戰後的最初二十年裏，共產主義方式證明非常善於迅速發展重工業和資本貨物，並希望它們能在贏得冷戰中起關鍵作用，儘管都缺乏資本主義的工業組織和管理方式，戰爭與鋼鐵的結合對於國家獨立和國家工業化來說，似乎產生了驚人成就。然而，到了七〇年代，蘇聯式共產主義已經不能適應從戰爭時期轉向和平時期，從資本貨物轉向消費商品，從重工業轉向高技術。面對這種轉變，只是帶來了國家經濟的停滯和人民生活的貧困，這樣，變得一目了然的是，共產主義模式必須被類似「市場社會主義」的某種東西所取代，即在專制政治的範圍內發展市場經濟，隨後便出現了蘇聯、東歐集團的瓦解。

　　針對這一現象，美國學者庫爾思（J. Kurth）

認爲，自由主義在意識形態上戰勝其對手是極其自然的。本來，產業工人是組成社會主義的主要基礎，但經濟發展過程的持續進行，與早些時候的農業部門和獨立農場主的階級一樣，工業和產業無產階級在過去幾十年裏萎縮了，由此造成社會主義的天然擁護者減少。例如，在蘇聯這樣的社會主義國家中，雖然重工業的形式可能是經濟發展合理和有效的途徑，但資本主義的世界經濟已經超越了這個水平，而社會主義特殊經濟方式則始終徘徊在原來水平之上，這樣，統制經濟不能再提供國家發展所必須的一切。庫爾思指出，國家社會主義的致命缺陷在於其日爾曼種族主義成分。這意味著，國家社會主義絕不可能充當用以控制多國、多種族歐洲的一種穩定的意識形態。他認爲，共產主義具有類似的致命缺陷，處於共產主義核心的是無產階級專政的觀念，這種觀念可以被視爲無產階級施行階級歧視的一種形式。同時，共產主義絕不可能被用來管理已經超越重工業階段的現代經濟，以及由許多階級組成的現代社會的一種穩定的意識形態，因爲這許多

階級加起來的人數要大大超過先進產業工人的人數。

　　其實，除去自由主義意識形態與社會主義的衝突之外，民族主義神話與社會主義革命理念之間的融合與差異，也是二十世紀歷史的又一重大主題。就在二十世紀初，社會主義思潮與民族主義情緒之間開始了不同形式的滲透關聯。此外，在德、俄、日等國盛行的反啓蒙理性、反工業化和科學至上思潮，也與馬克思主義相融合，形成對資本主義物質文化的批判力量，從而融入以不同形式混雜的蘇維埃主義和法西斯主義。這樣，強調暴力、英雄主義和創造新社會秩序成爲民族主義與社會主義相互融合的共同話題。三〇年代資本主義世界發生的經濟大蕭條，使國家強權和計畫經濟的學說甚囂塵上，以至於後來又演變成納粹主義和史達林主義的極權主義體制，使世界上很大一部分人口成了這種信仰的犧牲品。事實上，美、英、法奉行的工業資本主義模式之所以受到納粹主義和史達林主義的指謫，並不是因爲資本主義奉行了私有制度，而是因爲它的自由主

義意識形態強調人權、福利、自由以及階級和諧
的原則。

　　從歷史積澱的發掘中，也可以體證民族主義
與社會主義在理念上的暗合。如馬克思對《人權
宣言》的批判，也許符合當時工業資本主義的實
際情況，在資本主義發展初期，新興的資產階級
普遍處於無權的狀況，因此，人權理論首先在英
國、法國、美國這些早期工業國家出現，絕不是
偶然的。但對於從未有過人權的那些落後國家來
說，將《人權宣言》徹底否定，無疑為極權主義
開闢了道路，使更多的人經受經濟和社會生活各
方面的煎熬。希特勒以反猶的形式反對人權理
論，藉口馬克思是猶太人，胡說猶太人創立了馬
克思主義學說，攻擊馬克思主義是猶太人的陰謀
詭計，是瓦解種族的工具，其目的在於建立猶太
國際財閥的統治，希特勒的理由是，「民族的純
種力量是最重要的前提，種族是國家的支柱，國
家的強大在於種族的強大，而馬克思主義之猶太
學說，擯棄自然界中貴族之原理，而以群眾之多
數，代替強者的永恒特權，故其學說否認個人在

群體中的價值，攻擊民族之重要。」這表明，不論其中的社會理念差異有多麼大，在對人權和自由的蔑視方面都遵循了種族優越或階級優越的理論。

法國學者古爾多瓦（Stephane Courtois）在《共產主義黑皮書》（*Lelivenoir du Commuisme*）中明確指出，納粹施加給猶太人的是「種族滅絕」，共產主義施加給階級敵人的是「階級滅絕」。他對此專門作了解釋，即「本書所指的共產主義不屬於思想世界，這是一種活生生的共產主義，一種在特定時代、特定國家存在過的共產主義，由列寧、史達林、毛澤東、胡志明、卡斯楚等領導人物為代表的共產主義，一種將鎮壓變成制度，並在某些階段將恐怖上升為一種統治方式的共產主義。」古爾多瓦強調，「我們不認為對某些人質的槍決、對某些造反工人的屠殺，或大量農民死於饑餓，僅僅是某一國家、某一時期孤立的事故」。當然，也有人反對他的這些看法，拒絕將共產主義與納粹進行比較。

美國學者兼政治家布熱律斯基（Zbigniew

Brzezinski）指出，納粹是公開的反智和反理性的，而共產主義所公開的無神論對西方知識界特別有吸引力。納粹是極端的反猶主義者，而對一部分人來說共產主義則是一種美好事物。如果說，納粹和共產主義二者的意識形態都是宣揚一種「強制的烏托邦」，那麼，前者是一種負面的烏托邦，後者則是一個理想的烏托邦，由於烏托邦理想同現實之間的距離，理想本身又可以成爲反叛共產主義制度的思想根源。他認爲，對大多數東歐國家來說，允許人民有抗議的自由，卻又不願意解決他們感到不滿的基本問題，這是造成革命的有效配方。也有學者不同意這種分析，像海爾布羅納並不認爲蘇聯解體是對社會主義最高理念的背叛，而強調此一歷史進程可以用資本主義條件下政治權與經濟權相分離的重要性，及蘇聯領導人將這兩種權力合而爲一的事實來加以說明，這又引出了對極權主義評價的問題。

極權主義的概念，是由三、四〇年代一些逃離德國的移民思想家發明的。這些人認爲，極權主義是二十世紀的一種特殊政治文化現象，它以

意識形態為動力，形成完全官僚化的、恐怖而全面的專制政權，希特勒的納粹德國和史達林的蘇維埃俄國被認為是極權主義的兩個原型。極權主義既不同於西方民主政體，也不同於一般的專制政體，其特徵是：(1)存在一個全能主義的意識形態；(2)存在一個信奉這種意識形態的單一政黨；(3)存在一個高度發達的秘密警察系統；(4)對大眾傳播媒介的壟斷性控制；(5)對所有組織（包括經濟組織）的壟斷性控制；(6)對軍隊和軍事武器的壟斷性控制。這些特徵被看成是一種具有共同政治癥候的深刻總結，由此形成對極權主義的歷史共識。

　　一些西方學者認為，在蘇維埃國家的特定階段，並不是無產階級和勞動人民在掌權，而是權力被史達林及其同夥濫用了。產生史達林主義的原因，是來源於馬克思主義創始人關於社會主義制度設想的缺陷，俄國革命的激進主義，宗教式的盲目冒進傳統和充當救世主的情結，最後發展到沒有其他選擇的地步。有學者提出，「史達林主義仍然是社會主義的一種類型，它具有社會主

義的基本特徵，不同於以往的專制體制，但同時
也是一種具有半封建性質的粗陋的社會主義或兵
營社會主義。」但也有人反對，說「史達林主義
是一種病態的社會主義，是科學社會主義的畸形
和陰影，極權主義是這種模式的最重要特徵。」
顯然，爭論的焦點都是圍繞社會主義的內在形態
進行的，但卻難以說明為什麼不同國家的極權主
義體制都有極為相似的歷史演進，更難以解釋所
有那些自稱社會主義的權力體系為何到後期都要
面對同樣內容的改革潮流。

第三節　跨越不同制度的界域

　　從根源上講，對法國大革命所帶來的破碎局
面的反思，對工業資本主義階段出現的不公正現
象的批判，是十九世紀歐洲思想界的核心話題之
一。那時，對傳統溫情的人際關係和田園詩情的
懷念，對大工業和商業活動之冷酷無情的憎惡，
對道德解體的疼惜，成為一些以不同理論形式出
現的對工業文明批判論說的共同特徵，工業社會

組織之契約性、理性化、個人主義等現代性被強烈質疑，也正是在這種歷史條件下，出現了共產主義和社會主義的思潮與實踐。

有些學者則提出，英文中的「共產主義」（communism）與社群（comminute）、公社（common）等，同出於拉丁文communist，表示「共有的，屬於全體」之意，有其西方宗教倫理上的特定內容。事實上，後來在使用中常常被作為共產主義同義詞的「社會主義」（socialism），在詞義上與「共產主義」並不同源，社會主義的拉丁文原義為「伴侶、結盟、溝通」，還有「合作、協作」之意，特別是到了近代，「社會」一詞常常指自由人出於理性的考量而自願結成的一種契約性的次序。馬克思在《宣言》第二節所提出的作為共產主義目標的「自由人聯合體」的命題，所用的就是association，而不是comminute。可見，「共產主義」一詞本身就帶有較強的內封和極端色彩，特別是在處理個體與集體的關係上；而「社會主義」一詞則具有更為豐富的闡述資源和彈性空間，尤其是在經濟關係和群體屬性

的內涵方面。前者更具有中世紀的宗教教團的意
義，後者更具有近代意義的公民政治的色彩。

　　本來，在相當長的時間裏，共產主義與社會
主義兩種思潮是相互混合、難以區分的，但隨著
歷史的變化，特別是工人運動的發展，兩者逐漸
分離。社會主義漸趨改良，成爲自由主義的一種
批判和補充，即「經濟方面的民主理想」。相
反，共產主義則日益激進，特別是馬克思以理論
方式將暴力合理化以後，馬克思慢慢被尊爲先
知，「階級鬥爭」也成爲工人運動的福音。正因
爲如此，「共產主義」與後來做爲權力實踐的初
級階段的「社會主義」，與歐洲人所理解的那種
改良的崇尚民主尊重個人自由的社會主義完全不
同。所以，當馬克思所憧憬的未來社會的理想被
奉爲國家哲學以後，不僅將其理論上的某些封閉
性加以強化，也將其思想上蘊涵的自由多采的要
素也禁錮起來。隨著支援馬克思偶像的大多數權
力系統的崩潰，「共產主義」一詞已經失去其現
實性，作爲權力實踐的「社會主義」也失去其影
響力，然而，爲表示與以往相區別，又都加上了

字首詞，如「民主的社會主義」、「特色的社會主義」、「人道的共產主義」等等。

　　美國作家伯爾曼（Marshall Berman）曾出版一本著作，名爲《一切固定的東西都煙消雲散：現代性經驗》（*All That IS Solid Melts into Air: The Experience of Modernity*），認爲《宣言》道出了現代主義文化最深邃的遠見，即如何試圖控制資本主義引發的生產能力所造成的混亂，因而二十世紀的社會主義革命是不可或缺的，它讓人們瞭解到，威脅生命和破壞自然的，不僅是資產階級及其現代性，還有透過資產階級的代理機構向全世界散播的發展主義，而這些發展的理念也被社會主義的現代性所承襲和沿用。伯爾曼指出，諷刺的是，我們看到馬克思對現代性的邏輯論證正重現它所描繪的社會命運，以新的名義重現資本主義社會的不公與矛盾，並產生了把昔日理想化成煙雲的能量和思想。而這些在前社會主義國家出現的一切景象，正如馬克思當年所預言的那樣：「資產階級的生產關係和交換關係，資產階級的所有制關係，這個仿佛用法術創造了如此龐

大的生產資料和交換手段的現代資產階級社會，
現在像一個巫師那樣不能再支配自己用符咒呼喚
出來的魔鬼了。」

其實，社會主義對世界的深刻含義，不在於
遏止資本主義猖獗，而在於當資本主義滲入各種
社會環境時，它隨時可能用來反對或約束資本主
義，但它們無論如何都是源自資產階級世界觀的
關鍵部分，即作為自由主義思想的補充。所以社
會主義和資本主義都是用來組織社會的哲學體
系，都具有自己的時代合理性。哈伯瑪斯認為，
資本主義秩序強制消滅農民和手工業者的文化，
使代表他們願望的社會主義思想得以為生，它象
徵了一種克服資本主義不合理缺陷的主觀性和可
能性。紀登士也說，社會主義的吸引力要歸功於
資本主義的缺點，反之亦然，正因為如此，馬克
思為解決工人貧困和不平等提供了一種簡單化的
方案，而這種方案的實施無法超越前工業時代的
意識水平。

哈耶克曾深入研究過蘇聯式社會主義的不可
行性，他指出，社會主義是用意識來確定人類歷

史進程，影響其客觀規律的一種反科學的嘗試，資本主義則是另一回事，它是在沒有意識直接參與的情況下自然而然地在人類社會中出現的。他認爲，產品數量始終是市場生命力和社會主義有無前途的檢驗標準，而資本主義遵循作爲競爭的市場經濟基礎上自發形成的價值系統，生產和積累的財富要遠遠多於中央集權經濟條件下所能夠創造和利用的財富。他的這種觀點也正好與韋伯相契合，即官僚主義組織起來的社會主義經濟，同時要保留對所有工人的生產資料的剝奪，並且透過國家官員取代私人資本來完成這種剝奪的過程，這樣，社會主義理想在實踐上就表現爲資產階級社會本身發展出的一種更加殘酷和更爲集中的形式。

可以這樣說，俄羅斯的東歐以極大的代價完成了社會結構的轉型，很快跨越了不同制度的界域，具有一種極大的啓發和借鏡的價值。在這個過程中，包括針對過去極權主義體制而進行的各種改造，如實行多黨政治、產權私有化、開放新聞自由、軍隊實行中立化等等，與世界範圍的民

主化潮流相呼應，反映了人類進步的共同趨向。
這不僅成為前社會主義國家的必經之路。也越來
越做為開發中國家的前車之鑒，甚至連俄羅斯共
產黨領導人久加諾夫也這樣說，「三個因素導致
了蘇共的垮臺：對所有制的壟斷、對政權的壟
斷、對真理的壟斷。」強調那時的黨沒有領導人
和權力更替的民主機制，是它最大的失誤。他又
說，擺脫危機的出路在於將俄羅斯千年的傳統與
蘇聯時期的優秀成果和對外國經驗的把握結合起
來。

　　沙法列維奇從民族主義角度總結過去的歷史
教訓認為，西方技術文明對俄羅斯的擠壓和使俄
羅斯從屬於自己需要的企圖，是造成俄羅斯在整
個二十世紀經歷的那一深刻危機的開端，即俄國
選擇社會主義道路顯然出於最高的民族主義考
量。在他看來，農民是俄羅斯的積極因素，是唯
一能夠對抗西方技術文明、長久保持自己傳統面
目的力量，而列寧的革命正好指向破壞俄羅斯的
基本支柱——農民。由於列寧把農民逐步地變成
在企業的工人而極大地削弱了能夠保證俄羅斯長

久生存下去的基本骨架。因此，沙法列維奇提出
了，「在俄國不是資本主義爲社會主義準備了基
礎，而是社會主義爲資本主義準備了基礎。」

　　還有一種觀念更爲激烈和尖銳，像齊普科就
說，「共產主義作爲一種意識形態和作爲一種體
系，早在改革以前就已經死亡了，如果認爲只有
自我滅絕才能保存自己，那麼它的末日也就到
了。」他認爲，俄羅斯之作爲一個國家、一種文
明和一個由多民族組成的人民得到維繫，是因爲
那時還有俄羅斯生活方式及其思維、信仰和傳統
都存在；那時東正教的傳統還強有力，俄羅斯和
俄羅斯民族的參與感還很旺盛；那時俄羅斯的知
識分子還很活躍，對俄羅斯還有責任感，還擁有
巨大的精神和智力資本；那時還有農民、商人、
市民階層和工業家，但是，史達林反教會和反農
民的鬥爭，實際上已把俄羅斯連根拔掉了，而這
種極爲深刻和持續了近一個世紀的危機是從十月
革命開始的。

　　從俄羅斯目前政治的演變看，「寡頭權貴」
色彩仍然十分突出，他們多半是舊體制下的官僚

出身，與政權的關係密切，政治背景突出，與其說是體現了「資本的權力」，不如說更像是「以權力爲資本」。另外，俄國不少新政黨都帶有濃厚的「會黨」、「朋黨」色彩，競選主要是個人魅力的角逐，而非政黨及其綱領的較量。顯然，在政治方面，俄羅斯還有較長的一段路要走。除此之外，俄羅斯在民族關係方面至今沒有找到一條實現「瑞士式的多民族祖國」的道路，在國際關係上至今無法給自己在冷戰後的世界明確定位，長期冷戰形成的對抗西方國家的戰略思想也沒有改變。經濟上，儘管是在公共資產基本保存完好的條件下完成了民主化，以後的產權改革也是在公衆參與的情況下進行的，其產權的合理性和公信力最終成爲社會穩定的重要條件，但是，用財政、貨幣雙緊縮來治理通貨膨脹的「休克療法」，包括放開價格、出售國企、對外開放市場等一系列激進作法，卻又過於猛烈而效果不大。正如亞夫林斯基所說，俄國建立的不是市場經濟體制，而是一種寡頭統治，這種體制在原蘇聯時期就已經形成，在蘇共垮臺後，它只不過改換了

門庭，就像蛇蛻皮一樣。

　　許多人認爲，俄羅斯改革屢屢失敗的主要原
因是選擇了右翼激進主義的資本主義方式，這種
方式的危險性不亞於左翼激進的社會主義方式。
像工廠的大煙囪在發達國家早已被科學集約生
產、高技術和資訊化所取代，但突然關閉工業化
時代的工廠不可避免地產生了一些基本社會問
題，如大多數人將生活在貧困線以下，沒有住
房，人們流離失所，糧食依靠進口，社會失序，
道德淪喪，犯罪猖獗，媒體宣揚色情和暴力，有
言論自由卻失去了言論自由的意義，集會和結社
自由實際上使犯罪集團合法化，社會嚴重分化，
一些人趁機暴富。這一切都像是回到幾百年前的
西方資本主義的原始積累階段。所以問題在於，
俄羅斯應該趕上資本主義發展的哪一個階段？是
當前階段（即向後工業化的資訊社會邁進的階
段）？前工業化階段？還是原始積累階段？這個
問題沒有答案，而俄羅斯從「第一世界」滑到
「第三世界」。

　　從動態的開放社會而言，俄羅斯和東歐在過

去的十年間道路坎坷，像政府更替、黨派爭端、
民怨爆發、利益衝突等使社會持續處於波動之
中。撇開過渡性因素，其社會正在趨於穩定，原
因是：經濟生活已經相對獨立於政治運作，政權
更替不再意味著社會混亂；黨派爭端更多了，但
它已成為職業政客的一種職業活動，不再對社會
具有大的破壞力；民怨積累藉由選民投票、遊行
請願、言論發表、移民出走而得以釋放和平衡；
利益衝突則依靠黨派制度、新聞監督、司法獨立
而得到調整和牽制，不至失控。在俄國，葉爾辛
時代儘管有自由而不民主，但民主的基本規則畢
竟有了，雖然沒有建成市場秩序，但市場經濟的
基礎也有了，所以當「新權威」交替之際，俄國
一沒大亂；二沒走極端；三沒走回頭路，正是順
應了人民渴望擺脫舊體制的願望。

第四節　實驗中的自由市場經濟

　　在亞洲資本主義興起的歷史語境中，傳統仍
是一個不言自明的基礎性設構。而文化傳統中的

技術因素與權力因素的自然性結合，曾一直是中國古老文明的推動力量。正如美國加州大學教授安德森（Perry Anderson）所說，正是不斷進步的技術和穩定的官僚制度，造就了從秦朝到明朝的中國國家的非凡歷史，並使之與世界上任何其他帝國或王朝各不相同，而且非巧合的是，其政治結構之興起是隨著旨在與不足和易變抗爭的大型公共工程而出現的，如那些用以抵抗自然與蠻族的灌溉工程、運河、長城等等。

　　馬克思曾經把中國這種非常特殊的生產性政治結構稱爲「亞細亞生活方式」，並將它視爲同印度社會一樣不具備建立共產主義的社會條件；無獨有偶，韋伯也提出中國不可能產生資本主義的經濟方式和政治制度，這似乎意謂著中國注定走一條需要自己摸索的發展道路。然而，歷史的邏輯卻把中國引向一個全盤仿效史達林模式的困難境遇，在經歷了與前蘇聯同樣的痛苦與磨難之後，又試圖回到一條較爲現實的改革道路上。這樣，當資本主義因素已經滲透到社會生活的各個領域，政府行爲和權力運作也與市場和資本緊密

結合的時候，就不能簡單地再從意識形態角度看待中國的現實。

　　歷史上，許多傳統型的帝國，如德國、俄羅斯、日本、土耳其以及中國等等，體制上都屬於前資本主義性質，都體現了共同體對人的個性和創造性的壓抑，其經濟都以自給自足和超經濟強制的國家控制爲特色，都是等級分化嚴重而市民化程度很低，都缺乏近代意義的產權制度和公民權利，並爲造就壟斷性的權貴資本集團奠定了基礎。強調這些特徵對於認識類似社會的固有屬性和未來發展是極爲重要的，即是說，這些特徵會在不同的社會形態中長期保存下去。歷史已經證明，除了中國社會還在慢慢地轉換之外，其餘幾乎全部都經歷了巨大的歷史陣痛和血腥反思，要爲拋棄法西斯主義，要爲背叛史達林主義，最後踏上自由主義市場經濟的道路。從這個意義講，中國選擇一條世界上絕大多數的人都在走的自由市場經濟的道路，是一種必然趨勢。然而，就中國的現實而言，從經濟上向資本主義發展的東西，還有許多是無法確定的，因爲他們的意識形

態轉化並沒有完成，他們的權力資本向物質資本轉化也沒有完成。這樣，選擇一種混合模式來進行自由市場經濟的實驗是極其正常的。

　　在理論上，中國與德、俄、日、土等國一樣，具有滋生極權主義的深厚政治文化土壤，與將皇權主義、國家主義、民粹主義緊密結合的烏托邦理想因素也極為相似，所以中、俄選擇史達林體制，德、日踏上法西斯道路，都與這種背景有關。如果從深層去剖析，馬克思當年設想共產主義的種子可能會在一個同時保留著原始村社和國家專制的社會中成長，顯然忽略了一個重要的技術問題，就是如何維持一個經久不衰的經濟增長機制。按照馬克思的說法，這個機制應該建立在資本主義強大生產力的基礎上，然而，資本主義生產力所包含的資本、技術、創造力、工業理性、相應的管理體系等等，都是與資本主義政治文化密不可分的，單單摹仿其中的個別因素，自然是不會靈驗的，這是社會主義經濟必然走向虛脫的根本原因。它播下的雖然是龍種，收穫的卻是跳蚤。

　　米瑟斯（Luduigvon Mises）作為哈耶克的老師，在解剖計畫經濟的內在缺失方面具有獨到的見解。他說，按照烏托邦的邏輯，只要一旦允許國家對某些經濟事務進行干預，那就必然導致國家在整個社會事務領域的無限權力，最終傾向於接受極權主義的經濟計畫原則，因為計畫經濟幻想能找到一位聰明而正直的人，不但稅收、貨幣、環境、市場秩序應該由他管，連物價、生產、分配也應讓他去管，有了這麼一位萬能公正的主管，人們就再也不用為經濟生活犯愁。米瑟斯認為，在社會主義社會裏，關鍵在於不可能對經濟進行核算，因為在經濟生活中，價格核算和利潤收益的核算不但具有決定性的作用，它還監督並控制著企業的每一步行動。由於社會主義不具備計算、核算的理論和能力，並排斥商品和勞務在市場上的交換價值，也不認識較高級別的商品和勞務的價值，所以必然形成高支出、低效益的經濟系統。他的這一觀點尤其在蘇聯及東歐社會主義國家瓦解之後得到證實。

　　不可否認，在社會主義制度建立初期，由國

家實施的高投資率、高增長率的發展計畫與政
策，適應了重工業和戰時體制的需要。這確實帶
來了充分就業、價格穩定和較快工業化，可是，
最終卻無法將其預計的優越性顯露出來。隨著工
業化的深入，普遍出現的卻是效率低下、物資匱
乏、人民陷於貧困、少數人特權膨脹，而產生這
種後果，不能不說是一種倒退。值得一提的是，
全面專政的「階級鬥爭論」對於鞏固特權是極為
有用的利器，但用在生產經營上就無異於使用奴
隸勞動的效果，而資本主義恰恰是在自由勞動力
基礎上發展為強大生產力的。社會主義的實踐尤
其強調等級的對抗性和不相容性，並把等級差別
視為不可動搖的真理，這就出現了巨大矛盾，即
共產主義理論上的人人平等與事實上的人為製造
的不平等，這一切都嚴重地窒息了社會主義的生
命力。

　　過去，在一種理想體制下，由處在權貴地位
的掌勺者從大飯鍋裏給大家分飯吃，儘管「份飯」
按等級有稀稠之別，而且掌勺者還往往利用掌勺
之權給自己多舀，談不上什麼「平均」，但畢竟

人人都少不了一份，這既不是因爲掌勺者心存公道，也不是因爲害怕人們造反，而主要是因爲「大鍋」不屬於任何人，所以不需要考慮實質上的公平合理。當飯越來越不夠分，掌勺者也突然關心起飯的來源與價值時，他也會學著像資本家那樣行事，資本主義的效率原則也自然取代社會主義的公平原則。

　　這樣，漫長的漸進式改革進程，其特點是在原有政治體制下，以官僚權貴的利益爲本位，以超經濟強制爲原始積累的槓桿，以各種人情和身分關係爲潤滑劑，以各種政策性投機和瓜分國庫資源爲利潤機制，其主旨都是在不損害專制權益的前提下適應市場化、私有化、全球化的潮流。正如韋伯所論說的，官僚主義組織起來的社會主義經濟不僅要保留對所有工人的生產資料的剝奪，而且是透過國家官員取代私人資本家來完成這種剝奪的過程，這在實踐上就比資本主義本身還要殘酷，並且隨著各種矛盾的擴散，重現資本主義的各種痼疾。

　　有人說，問題總是出在效率上，即社會主義

經濟的劣效績根源於企業的內部結構，但多數人則認為劣效績出在決策的高度集中和沒有完備的市場環境上。還有人從產權問題入手，將劣效績問題歸結為國有企業財產非個人化所致。聽起來好像都有合理性，但卻無從下手。顯然，中國社會面對的問題已無法用資本主義或社會主義的抽象概念來加以解釋，也不是簡單地用社會主義加資本主義的混合模式就可以順利解決的，如果取二者的缺憾和劣績相加，那麼對人民來說又是一場大的災難。在西方新資本主義的理念中，社會主義之所以被看成是自由主義的一種補充和批判力量，是因為社會主義是強調「經濟方面的民主理想」，這正好與資本主義主張「生產方面的自由企業制度」之間是一種互補的關係，然而，在中國人的改革思維中，將資本的殘酷競爭機制與社會的全面專政體系相結合，卻是形成了一種互克的關係。這種跡象已經顯露出來，構成明瞭解讀中國社會轉型的獨特視角。

　　在經濟泡沫掩蓋社會分層的氛圍中，有人搬出儒家資本主義的說法，來作為現代化的第三條

道路，「儒家資本主義」（confucian capitalism）
模式曾特別受到日本及韓國、新加坡、香港、台
港等東亞後工業化社會的推崇，它們的現代化和
經濟成功也被視爲儒家資本主義的典範。它的意
義是透過儒家思想與資本主義生活方式掛鉤，打
破韋伯的「亞洲不會自發產生資本主義」的命
題，並以此證明中國文化傳統不再是阻礙現代化
的歷史負擔，而是實現現代化的必不可少的倫理
資源。換句話說，對儒教價值的懷念並不一定是
藉此恢復封建傳統，而是將它看成是融合資本主
義的文化力量，即儒家在現代化中的作用就如同
韋伯所說新教倫理在歐洲資本主義緣起中的作用
一樣。因此，儒教資本主義所要達到的是中國文
化傳統與西方資本主義的和諧而不是對立。處於
自由主義旗幟下的臺灣，並沒有文化傳統深遭破
壞的歷史背景，所以它比較多地保留了儒家文化
對基層社會的整合，也比較現實地融入了發達工
業國家的價值觀念，這樣，在與資本主義自由經
濟的整合中，就不是處於相互排斥而是相互疊加
的狀態，社會也能沿著自由化、民主化、多元化

道路邁進。由於中國大陸的意識形態始終將西方資本主義視爲不共戴天的宿敵，並且一度連根拔除了傳統文化價值的根基，因此，要完成「儒家資本主義」的使命就非常困難。

　　另外，從產業結構看，一大批耐用消費品的爆炸性增長和逐漸普及所引起的消費革命，使原有工業佈局發生重大變化。新興產業一般都具有技術進步快、前後關聯廣、收入需求彈性高、經濟效益顯著的特性，由此形成了生產與消費、需要與增長的良性迴圈，這正是中國改革有別於俄羅斯並顯得卓有成效的地方。但另一方面，中國也面臨著更爲嚴重的國有企業資產的重新配置的問題，而一些傳統產業的淘汰與技術升級，將使更多的產業工人失去工作崗位。爲了在意識形態上依賴國有企業的組織形式和工人隊伍，既使效率普遍不佳也要靠強行輸血來維持，從而加重國家負擔。進入九〇年代後期，經濟雖然擺脫了墮入南美式和東歐式外債陷阱的危險，卻又出現跨國公司大舉進入乃至控制戰略性產業的局面。雖然說，國家有能力主導體制改革和經濟調整的進

程，但未必有能力控制外資繼續分割中國產業的趨勢，當舊的國有企業因為權、技術、效益等原因陷入更嚴重的危機時，外資企業、合資企業和鄉鎮私營企業就會取得共同支配的地位。

由於日益深入地加入到生產和貿易的全球化過程之中，中國的混合體制將會面臨更為嚴峻的形勢，當國際資本與國內資本、民間資本相互滲透又相互衝突時，一方面使國內經濟關係更為複雜，對利益的爭奪也會更趨激烈；另一方面也會加速組織體系的腐敗，這種腐敗滲透到政治生活、經濟生活和道德生活的各個方面，並且無力遏阻。這時，如果不能透過制度創新發展出足以克服這一過程的政治文化機制，那麼，與腐敗和不滿相伴的社會危機也將迅速地耗竭改革以來積累起的各種合法性資源，重現東歐劇變的震盪。

第五節　資本主義與社會主義的互動

歷史的經驗表明，許多地區發生革命和動亂

的原因是不公平的經濟體制，如在東亞、東歐及南美洲，少數富有的大資產者擁有大量土地和企業，使其餘的人生活在無止境的窮困之中，所以這種不公正迫使人民起來造反，而革命大多數導致了社會主義的權力實踐，並產生與之相應的政治組織和經濟結構。僅在這一層面，美國與西方世界以人權作爲價值觀，向這些前資本主義國家的政治經濟弊端發起挑戰，不僅導致了蘇聯、東歐社會主義的瓦解，也導致了像智利、菲律賓、印度尼西亞等各種不同類型獨裁政權的垮臺。

這種前景爲人類提供建設一種新世界秩序的希望，它將由於「資本主義」和「社會主義」變得不再那樣截然不同而有利於緩和國際間的衝突。人們已逐漸認識到，現在不存在純粹的社會主義或資本主義的生活方式，而集體利益與市場競爭目標是一致的，完全可以和平相處。這樣一來，新資本主義不再排斥社會主義，後共產主義也不再害怕資本主義，而美國、歐洲、第三世界和前社會主義國家都可以進行相互融合的實驗，從而創造一種把經濟民主、國家控制和自由市場

原則結合起來的「混合模式」，其結果會逐漸填平「舊資本主義」與「舊社會主義」這兩種過激的意識形態間之鴻溝。雖然要克服原有的巨大障礙還需要幾十年的時間，並且在不同國家還將表現出許多差異。

　　資本主義轉化論（theory of transformation of capitalism）曾是西方自由主義知識分子提出的一種流行觀念，其涵義是透過資本主義的自我變質而產生新的制度，對於反思資本主義功過，具有一定的代表性。像美國學者加爾布雷思（J. K. Falbrath）就說，應藉由穩定的和挽救的社會改良措施使資本主義在逐漸演化的過程中變質為另一種社會制度。他在《新工業國家》（*The New Industrial State*）一書中提出，「高技術和鉅額資本的利用不可能屈從市場需要的潮起潮落，這種利用需要規劃，而規劃的實質是使公共行為變得可以預測，也就是說，使公共行為受到控制。」他認為西方的工業制度與社會主義在意識形態上雖然不同，但在發揮國家管理職能、大公司力圖保持其獨立性、國家調節需求以保證居民

有最必須的購買力、國家在培訓人員方面的作用，以及保持價格和工資的穩定方面有共同趨勢。所以超意識形態的合流必然是發展的趨勢。他構思了一種「新社會主義」（new socialism）的改革目標，即針對現有弊端透過提升市場體系的地位和抑制計畫體系的權力等做法，使這兩個體系實現「收入均等化」和「權力均等化」，強調藉由社會變革使兩種社會制度趨同，來實現「新社會主義」和「新資本主義」的目標，而這種趨同是經濟和技術發展的必然性結果。

　　美國社會學家貝爾（Dernel Bell）也曾提出過「後工業社會」理論，對陷入危機的「新工業國」作了進一步發揮，認為科技會使資本主義自動產生變革的力量，他把美國的經濟制度和文化制度看成是歷史長期演化的結果，即在工業發展的早期，經濟轉化的動力是市場競爭，到二十世紀下半期後，科技是經濟轉化的最重要因素，在這個轉化過程中，國家應該透過民主制度和大眾參與的形式來消除自由資本帶來的文化危機，實現「後工業社會」的轉變。一些人認同貝爾的觀

點，還有人提出「人民資本主義」（the people
capitalism）的理論，即透過「股權民主化」來使
資本主義變質，強調「剩餘形式」不同是資本主
義與其他社會經濟制度的主要區別，因此，改變
其剩餘價值形式，削弱私人經濟對「剩餘」的佔
有，使之成為社會控制的基金，資本主義的社會
性質就會改變。

　　還有一些人提出，建立真正的市民社會是促
進民主和人權的唯一途徑，同時，也只有在市民
社會基礎上建立的制度才能調和個人自由與公共
利益經常相對抗的要求，強調實現國際公正的唯
一正確道路是在全世界範圍內建立「市民社
會」。顯然，人們已經看到，作為當今經濟特徵
的不平等和貧困，在政治上是十分危險的，在經
濟上是無利可圖的，在道德上是徹底失敗的，必
須有一種規則並制定出有利於大多數人的政策。

　　新資本主義的倡導者強調，世界正在走向一
個由發達工業國家領導的、高新技術推動的、世
界範圍的企業家時代，這是一個將圍繞市場和財
富展開大規模競爭的時代。但是，在前社會主義

和前工業化國家同時向後工業社會過渡時，如果
強調遵循同一種模式，尤其是對自由市場經濟的
過度期望，恐又會產生分岐，這究竟是以經濟繁
榮的績效掩蓋資本主義矛盾，還是挽救社會主義
命運，成爲眾說紛紜的東西。社會黨國際主席
P・莫魯阿就確信，不斷論證社會主義死氣沉
沉，並試圖找到更多證據的想法是可笑的，他宣
稱，我們不相信關於「自由的雞窩裏的自由的狐
狸」的故事，並許諾民主社會主義將會帶來更大
程度的福祉。

　　在對社會主義的合理性的發掘上，有些人提
到四個方面的論據，來說明社會主義並沒有被拋
棄：第一，從歷史的角度看，追求平等和效率一
直是人們心目中的兩個基本價值，而越來越多的
人開始把強調的重點放在平等而不是效率上；第
二，強調社會的公共所有制其實也是一種混合體
制，包括國家、集體、個人三種形式在西方也長
期存在；第三，社會主義強調經濟民主，如果再
加上市場機制和多元政治，就可以在此基礎上形
成一種新的制度；第四，強調蘇聯式社會主義的

失敗不等於整個社會主義的失敗，社會主義的追隨者沒有理由因此披上喪衣。以上說明，合理性的發掘在理論上尚無重大發展，而且許多已被更為成熟的「西方馬克思主義」所取代。

「西方馬克思主義」最有價值的內涵是它的批判精神和現實主張，對於反省現代化過程中的種種負面現象，具有十分可貴的啓迪作用，它的浪漫與執著，將引發對歷史共產主義的「半是挽歌，半是謗文，半是過去的回音，半是未來的恫嚇」的深刻思考。按眼下流行的說法，西方馬克思主義是資本主義後工業時代的產物，即世界工人運動處於低潮時期的思想產物。由於科學技術革命和西方社會自覺或被迫的自我變革，使西方各國大體上處於相對穩定的發展階段，如果再去發展一種經濟危機及爆發社會革命的理論，或再去制定某一階級去奪取政權的策略，是極不現實的。這樣，西方馬克思主義和自由主義一樣，看到現代工業社會中，人們一方面得到物質利益和福利享受，另一方面卻在人性上迷失價值和自我，批判異化的強烈使命讓他們與自由主義知識

分子站在一起，成爲從西方內部發起批判的力量。

　　正因爲如此，不僅那些轉型中的前社會主義國家的理論界產生了對「西馬」的濃厚興趣，甚至在東亞資本主義模式下的知識分子也贊同「西馬」對商品社會的種種批判，認爲他們對當代資本主義和後工業社會的剖析，竟然與自己所處社會相差無幾。例如，在商品豐富、物質提高的同時又產生了新的精神匱乏，人們成了商品消費的奴隸，情趣被媒體廠商所控制，一味追求高檔名牌產品；在虛假的滿足中，人們喪失了自己的天性，甚至喪失了痛苦的感覺，即人已被異化得失去了自我；異化性的高消費、高生產，已使人類與自然的和諧關係不復存在，雙方處於極度尖銳的對立和衝突之中；主張重建新的經濟模式、限制消費、降低生產、扭轉浪費資源、污染環境、破壞生態平衡的趨勢等等，這些主張，恰恰也是那些對資本主義前途和生命力持樂觀態度的人們所持的觀點。

　　可以看出，西方馬克思主義從政治鬥爭轉到

文化批判，並與自由主義知識分子合流，包含了
一種無奈的成分，因爲越是將制度的批判推向極
端，越是使人難以顧及制度革新問題。西方社會
制度中，不論是法律體系，還是經營方式，都是
因爲文化價値的欠缺而出問題。同樣，社會主義
的實驗雖然提供了較爲平衡的社會福利和一定限
度的公平，但又是一種尾大不掉、效率不高和獨
裁的制度，這也是文化價値的貧乏所致。在西方
馬克思主義看來，資本主義所造成的社會不平等
使少數人的收入大大超過他們最奢侈的需求，以
致金錢不再有任何意義，而社會主義生活中所產
生的社會不公正，又使更爲廣泛的下層勞動人民
處於極度貧困之中，以致生命不再有任何意義，
所以，資本主義和社會主義同樣沒有給工人提供
正義，突出了這兩種制度的相似性。西方馬克思
主義作爲後工業社會重要的批判理念，從根本上
拋棄了文化的偏愛，爲客觀認識兩類社會面臨的
各種矛盾，提供了最爲珍貴的理性資源。

　　政治分析家查德・巴尼特這樣說，「在當代
世界上，共產主義和資本主義都不再是可以用來

組織社會的哲學體系，除非我們改變概念框架，否則我們注定要採取一系列得不到控制的軍事行動和反行動」。他顯然是指曾持續了近半個世紀的東西方冷戰。那時，代表武力和征服的一極與代表精神與榜樣的另一極之間的長期仇恨，皆因意識形態和價值差異無法溝通的緣故。現在看來，世界各國之間還存在財富生產能力的分配嚴重不平衡的局面，單靠自由市場或單靠社會控制的方式，都不可能克服現在的經濟差異。最大的問題就是，這些國家需要發展更有效的政治經濟體制，超越現有的舊資本主義和舊社會主義僵化的意識形態，所以各種政治經濟實驗的混合已經成爲取代舊格局的最主要形式。

　　譬如，許多有自由市場傳統的國家，雖然仍舊堅持純粹西方式的資本主義，但已經開始偏離模式，像歐洲、南美、東亞一些國家和地區興起的「股東資本主義」、「人民資本主義」、「儒家資本主義」等等，都可以視爲一種創新。而那些沒有自由市場傳統的前社會主義國家，也在朝著「民主的社會主義」、「競爭的社會主義」、「特

色的社會主義」等方式演變，最終建立各種適合
本國特徵的制度，把資本主義和社會主義的特點
混合在一起。這些新型模式作爲傳統社會價值與
自由市場經濟的混合物，已經產生了巨大的效
益，但又極可能將資本主義和社會主義的缺陷同
時繼承過來。

　　無論如何，混合經濟的擴大已經使過去兩類
國家沿著一個共同的道路走下去，其結果可能是
把資本主義意識形態和社會主義意識形態綜合成
一個單一框架，即「對資本主義和社會主義來
說，最好的希望是變得更加民主與和諧。」理由
是，在資本主義條件下，公司管理人員擔心社會
控制會損害企業的自由與效率，從而拒絕民主性
參與，在社會主義背景下，政府官員不願放棄對
經濟決策的控制，以便保持他們的權力。這樣，
在西方，新的資本主義方式能夠促進「民主的人
類價值」和「企業自由的原則」的相互結合，以
使企業更有創造力，對東方來說，變革被看成是
新的民主價值與市場體系的涵養過程，透過政
府、企業和公民群體的參與爲共同的福利服務。

　　哈勒爾認爲民主價值與自由企業制度的結合是未來經濟發展的必然趨勢，也是國際社會最終走向和諧的時代選擇，他說，全球危機不可避免地提出的挑戰是要把資本主義和社會主義的意識形態綜合成一個共同的概念框架，在這個基礎上建設一種一體化的世界經濟，所以，當「民主的自由企業」這一憧憬開始出現時，它將不僅是新資本主義，它也應該是新社會主義。

第六章 和平發展——充滿希望和疑懼的人類前景

在一定意義上，「文明」一詞實際表達了西方國家的強烈的自我意識，西方資本主義正是透過文明的概念來凸顯社會自身的特點以及那些引以自豪的東西。特別是到了當代，資本主義本身的普遍化，它的社會關係、它的運動法則、它的矛盾的普遍化——商品經濟、資本積累和追求最大限度利潤的邏輯，已經滲透到人類生活的每個領域，當西方資本主義完全脫離了它在歐美特定的歷史起源而成為一種全球體系時，文明也表現為真正的全球性抽象概念。

過去，「世界體系」（world-system）的理論旨在解釋資本主義、工業革命和民族國家的起源

與發展，強調在世界資本主義經濟體系中，不同
的勞動分工角色導致了不同的階級結構，也導致
了不同的政治組織和國際格局。現在，「全球意
識」（global consciousness）的推廣，又證實資本
主義文明是一個長週期的歷史過程，即使蘇聯、
東歐、中國的社會主義實驗及後來出現的改革，
也是受這個歷史週期所決定。儘管全球文化走向
同質化且以越來越大的多樣性和差異為標誌，其
仍舊存在著很大的爭論。但是，混合模式的出現
畢竟代表了一種能溝通不同社會制度的世界秩
序，和平發展則意味著一個充滿希望和疑懼的人
類前景的到來。全球化的趨勢與資本主義的發展
是相互包容的，前者的加強意味著後者的無孔不
入，後者的普遍推廣象徵著前者的必然趨勢，其
結果會從思想、價值、倫理、風貌、服飾、審
美、情趣等各個層面，來模糊族群之間的界限，
擴大了人民之間的往來，縮小不同國家之間的差
異。

　　在新世紀的架構中，全球化的世界體系雖然
能夠包容不同社會制度和文明模式，但也隱含了

一種合作、控制和對抗的關係。經濟全球化越是擴展到世界的每一個角落,各種文明爲了自我肯定而導致的矛盾和衝突就越是要顯露出來。由於兩極化的世界體系仍是基於利益的不平等分配而建構的一種秩序,那些處於最不利位置的地區之間必然發生爭鬥。如果高收入、高利潤地區同低收入、被剝奪地區形成直接的對抗,就會產生破壞性後果。所以,和平理念始終代表著人類進步的方向,和平發展也是新資本主義的應有之義,它不僅涉及到經濟方式的現實選擇,也關係到文化建構的未來預見。在目標上,新資本主義並不是一種充滿烏托邦色彩的社會理想,也不是人類社會組合的最佳途徑,但它作爲工業理性及文化特徵的歷史遺產,在全球性的文化交鋒成融合的過程中,將會逐漸取得一種普遍的認同地位,因爲世界必將藉由經濟的更加繁榮和價值觀的普遍提升而走向和平,並促進人類理想的再生。

第一節　利益與衝突

　　爲了研究文化與經濟理念的關係，一些西方學者採用分析原始人的結構主義方法分析當代資本主義社會，選擇了食物、衣服及色彩作爲分析物件，發現資本主義生產已經變成某一文化邏輯的物化過程，即「產品的生產成爲美國文化的體現，它不在於產品的物質意義，而在於物質所代表的符號意義。」換句話說，文明之所以包含在技術進步、生產力提高以及對歷史進步的文化信念之中，是因爲資本主義在透過知識、技術和社會組織掠奪自然、創造巨大物質財富的同時，又進一步把人變成了資本、商品和消費的奴隸。

　　可以說，自十九世紀以來，科學進步、政治上建立大眾參與模式，以及經濟上追求無止境成長，這三者是西方社會的主要特徵，也是西方有能力建立的世界秩序雛型。然而，科技、自由主義和資本主義方式果眞能攜手爲人類創造新的伊甸園嗎？在這個由高新技術、跨國資本、股票指

數、房屋買賣、倉儲式購物、個人財務、卡拉OK、好萊塢巨片、高速公路、國際互聯網維持著的時代究竟是資本的來世，還是世界的末日，誰也無法說清楚。

華倫斯坦在《近代世界體系》一書中，強調了我們生活其間的世界乃是源於十六世紀特定的資本主義經濟體系。即是說，「世界體系」實際就是指那個發源於十六世紀以歐洲為中心的資本主義過程，因為普遍程式對一切系統，包括物理、化學、生物、社會來說都是適用的，若把它應用到資本主義文明的命運中去，就可以發現，作為一個歷史性體系，資本主義的世界經濟已經相當穩定地依循本身規律運作了五百年，而且它在維持平衡所做的調解過程中所積聚的各種壓力，也已經大部分得到克服。他認為，一個國家只要能夠超越其傳統的價值和社會結構，便能取得相類似的發展和相類似的地位。

這位美國思想界的左翼學者指出，由於世界的有效需求與世界的物品供給之間的不平衡，從而導致了資本主義世界經濟的膨脹和停滯的週期

迴圈。當世界經濟進入停滯階段，核心國減弱了它對邊緣國的控制，從而使邊緣國有機會自行發展，趕上核心國，這是世界範圍內剩餘資源從核心向邊緣的重新分配的階段。在一段時間的衰退之後，由於技術突破和需求增加，核心地區經濟復甦，再次進入需求超出增長的興旺時期，為了壟斷市場，核心國又重新膨脹起來並成為世界霸主。華倫斯坦因此又引出一種「依附理論」，即邊陲地區一旦從它與資本主義核心國家的依附關係中解放出來，就可能獲得這些核心國家曾經經歷的發展和成就；或者說，一個國家離開某一種結構性位置，絕不意味著它從該世界體系中逃脫，而僅僅是意味著它將在世界分工體系中扮演另一個角色，即進入資本主義體系中的級層化關係。他說，可以預見資本主義到二十一世紀會佔領一些新的壟斷市場，從而大大擴展世界整體生產，但由於世界後備勞動力減少，並不一定能夠維持預期中的高積累，世界因此將持續處於紛爭當中。華倫斯坦設計了三種新的社會格局：一是新封建主義，它將以更為平衡的形式使動盪時期

重現，一個分成細小主權體、高度自足地區和區域性等級系統的世界；二是民主法西斯主義，它能夠把其他80％的人壓迫成完全沒有反抗能力的勞動無產階級；三是更爲激進、全球高度分散和高度平等的世界秩序，大大增加的政治和科技水平使這種世界秩序的出現變成可能。

　　有關歷史資本主義或世界體系的文化論說，布羅代爾也在他的著作中試圖提煉一套解釋這種演化軌跡的完整概念，他強調歷史上幾次資本主義重心的轉移都是各種複雜的軍事、地緣政治、經濟、文化、技術和歷史因素影響下的結果，這意味著，東亞經濟和發展中國家的轉型過程，其實是由世界資本主義的長週期所決定的，即使蘇聯、東歐、中國的社會主義實驗以及後來的改革過程，也是受這個歷史週期所決定的。布羅代爾認爲這種現象的產生不只是外部聯繫，而且是歷史的特殊內部關係。簡單地說，持續的永無休止的資本積累是現代世界體系的基本特徵，比如，在地理大發現時代之後，來自美洲的貴金屬源源不斷轉運到東歐、西亞、印度、東南亞、中國和

日本，而亞洲的貨物又轉往歐洲，所以，如果一
定要說資本主義內在發生論的話，那也只能是在
這個做爲整體的世界經濟體系的內部發生。從這
個意義來講，資本主義並不僅僅做爲一個歐洲中
心主義的神話，還是現代世界體系的基本現實，
而未發展的那些地區，遲早也會淪入資本主義的
世界體系。

　　還有阿爾吉利（Giovanni Arringhi）的《漫
長的二十世紀──金錢、權力及我們這個時代的
起源》一書，也是從資本積累的角度，強調東亞
的崛起與世界資本主義體系之間的密切關係，並
將東亞經濟置於西方工業結構變化的背景上去考
察，特別是聯繫到七○年代的世界性產業轉移和
九○年代跨國金融資本的膨脹，甚至包括冷戰因
素和地緣政治等特定背景的考察。阿爾吉利認
爲，西方主流國家針對亞洲危機推出的解決方
案，就是普遍適用於亞洲、非洲、拉丁美洲乃至
俄國、東歐、中國的辦法，即告誡它們，危機正
是因爲各種內部體制和政策等因素對純粹市場規
範偏離的結果，於是，緊縮措施加市場自由化，

再加上對金融部門的整頓，就成為診斷危機的良藥，或消除「裙帶體制」弊端的處方。他指出，從東亞興衰與歷史資本主義的關係看，東亞並不是簡單的金融資本的泡沫破滅，反而是金融危機又加劇了更根本的市場性危機，即出口不振、貿易赤字堆積、財團破產風潮，以及債權人的心理恐慌的全面經濟危機，從中可以看出東亞經濟深受世界性資本主義結構的影響，而有關世界工廠、區域化擴張、以及國際金融急劇游離的狀況，也表明東亞經驗都來自世界資本主義體系的長期運作與影響。

在對資本主義世界體系的認識中，包括以往的社會主義革命、民族解放運動以及這些特定環境中的工業化經驗等等，是否作為「反資本主義體系運動」的主要內容，還是有爭議的。一種觀點認為，這些現象無疑都是資本主義全球體系發展膨脹過程必不可少的組成部分，從而促進了資本主義的成熟和自身合理性的擴充，是極為正常的現象；另一種觀點認為，這些實踐儘管沒有超出資本主義發展高度，但也已經顯示出打破資本

主義鏈條的鮮明目標，其背叛性具有深遠意義。
但不論怎樣評價，作爲今天反對全球資本主義的
潛在精神，如果在運用民族文化中從下層經驗衍
生出來的資源時，即使這中間有一種反資本主義
的潛能等待釋放並重新發揮作用，但都無法抗拒
資本主義的物質前景所帶來的精神誘引。這意味
著，沒有哪一種民族文化的內部所擁有的資源可
以成功地抵禦用高新技術和現代文化所武裝起來
的資本主義體系。

　　如果從一種「全球視野」（globcigical per-
spective）的觀點看，普遍的工業方式將導致形
成相同的社會結構，隨著落後國家的技術水平逐
漸適應工業秩序，工人對勞動及盈利的興趣將會
普遍提高，原有的階級矛盾也因此得到緩解，各
國的生活水平也會趨於一致。這樣，資源與能源
問題、保持生態平衡問題、國際經濟秩序問題、
經濟發展與社會發展均衡問題等，都會變得日益
尖銳，促使人們站在更高的立足點上觀察工業
化、城市化與國家發展的關係。它對公共管制能
力提出了更高的要求，一方面政府需要從稅收、

法律、貨幣、金融等渠道入手，保護和扶植民族
經濟的發展，另一方面，還要克服無國界貿易帶
來的消極影響，積極參與國際分工，爲本國爭得
更大限度的市場份額。這裏，選擇自由貿易對國
家來說雖然是合適的，但增長動力機必須放在國
內，並且促進一個平衡的工、農業發展過程來達
到此一目的。由於發展中國家其產品和技術的模
仿經驗正在相互加強，因而貿易能否在世界體系
中繼續發揮作用，取決於經濟的自我保護措施。
這說明了，將經濟安全作爲國家競爭能力及抵禦
外部干擾和侵襲的能力更加重要，維護經濟安全
的強大誘因使各國的利益衝突無可避免。

　　從各國的道路來看，大多數發展中國家從經
濟目標上只關注資本主義體系的核心國家，而從
制度經驗上傾向於依賴自己國家的傳統資源，這
就形成了自由市場經濟加傳統制度文化的常見模
式。然而，國家是人爲創造的制度，它的形式、
力量和邊界也是透過在不同國家體系的互動中不
斷變化的，就像世界經濟隨著時間不斷擴展一
樣，世界經濟的政治表現——國家體系也在不斷

擴展。由於「世界經濟」的基本邏輯是不平等地
分配積累起來的剩餘產品，它同時也是一種有助
於那些能夠在市場網路中實現各種暫時壟斷權的
國家形成支配性的強勢，這對於其他弱勢國家的
經濟、文化和社會變遷來說，就會造成一種工具
式的被迫接受或強迫施予。可見，用經濟過程把
各種利益界定出來的世界體系，本身又是一種超
國家結構。

　　按照華倫斯坦的理論，「世界體系」是隨著
原始資本主義及商業化農業的發展興起於十六世
紀的歐洲，而對外殖民活動及經濟文化的和平滲
透在這一過程中起了至關重要的作用，並最終導
致了西方列強對多數非西方社會的直接控制。就
在西方列強利用工業革命成果之際，世界經濟體
系就在全球範圍內鞏固下來。雖然這時世界變得
具有高度相互依存性，但一般而言，這種相互關
係並不平等，某些擁有大量資本的社會可以憑藉
此一優勢從其他社會獲取利益。

　　然而，到底是什麼力量使世界體系得以維持
呢？對此，法國學者阿多諾曾說，是意識形態同

化了這個世界，它過分地將差異的現象等同起來，做爲對這種同化的破壞，傳統和人類多樣性將會成爲一種否定和持異的力量。若進一步分析，資本主義的意識形態並不是因爲它不能與社會現實相適應，而是在於它眞實地反映了身處其中的現實，使得與之相對的意識形態沒有獨立生存的可能性。資本主義的演進和傳播與之關係密切，甚至成爲解決人類生存的最合理途徑，但資本主義贏得認同和強制的方式，在於它對傳統的破壞以及對人類多樣性的統合。

　　「我們生活在一個相互依賴的時代」，這個斷言也許眞實地反映了時代的特徵，但能否以全球利益克服民族利益，卻是一個未知數。因爲，民族的切身利益繫在經濟成長上面，它關涉到每一個人，而國家的基本使命就是應付全球經濟所帶來的離心力。這種離心力正在拆散過去那些把人民與國家聯繫在一起的紐帶，把更多的財富給予有高知識和高技能的人，同時卻降低較少知識和較少技能的人的生活水平，在人群之間、民族之間維持富者愈富、窮者愈窮的殘酷現實。所以，

國家在承擔使本國公眾生活變得充實和豐富的責任的同時，必須與他國合作，以保證自己福祉的增長而不以犧牲別國利益爲代價。

第二節　生存與選擇

　　現代化的歷史，就是工業資本主義制度下實現合理性的目標。國家的合理性發展既包括經濟發展的合理性，也包括文化意識形態的合理性。這一過程的作用，即理性的進步和與啓蒙聯繫在一起的自由，目標是要將人類從傳統束縛的生存境遇中解放出來。與此同時，合理性又製造出現代組織的「鐵籠」，從而掩蓋了新的剝削與不公，官僚制度和等級結構又作爲理性進步與自由的自然擴張。在最近幾十年裏，美國式的資本主義成了眞正全球性的現象，僅就這一點來說，現在已經不是資本主義的一個階段，而是貫穿於人類生活的方方面面的眞正寫照。它不僅存在於政治領域，且存在於經濟和文化領域、存在於非話語實踐或純意識領域之中。

　　過去，在古典資本主義構造下，資本主義生活方式和自由主義體制同時擴張，各自體現不同的政治邏輯。一個是強調經濟發展的優先性，其基礎是財產權，另一個是強調自由民主的優先性，其基礎是個人權利的行使。兩者都具有對生存價值的特定涵義，並且相互之間經常發生衝突。如西方社會裏常常出現的政治鬥爭，就反映在傳統的自由民主下的「國家與社會之間」、「民主與資本主義之間」。它們似乎代表著公共領域與私人領域之間存在一種本質的難以調和的對抗。但在美國，上述兩個方面卻在趨同，即二者並行不悖地發展，以致成為一種比歐洲古典形態更複雜或更有效的形態，這是構成美國新資本主義的顯著特徵。

　　從二十世紀初以來，美國的政治經濟觀念，透過公共與私人權力之間的重新談判，透過大蕭條年代、新政和二戰時期國家與社會關係的重新塑造，逐漸形成了自己的特點：

　　1.在經濟政策方面。美國比起其他資本主義

國家，所提供給人民的福利較少，而對生產活動的刺激較強；經濟對科技保持著較高的需求；科技進步始終排在政府和國防部門的議事日程靠前的位置上，從而使美國人的科學發明一直執世界之牛耳。

2.在社會政策方面。國家保持勞動者和工會的活動權利與討價還價的能力，又儘量使其不致破壞現有的規則和體制。它明確地把政治實踐從工作場所排除、把勞動階層的需要與政治隔離，保持了公共事務與私人事務的二元化結構。而工會與政治機器制度的同化過程，使得美國無論發生任何階級衝突都不致於造成大的問題，並始終處於受遏制的狀態。

3.在體制運作方面，國家政治作爲各種團體政黨和都市機器的集合，動員和組織不同種族或族群、不同居民或社團的民衆，從事族際性或社區性的參與認同過程。這樣，在生產過程變得日益社會化的同時，它始終被置於一種非政治化的、以種種經

濟要求和權利鬥爭表現出來的形態上。這
種「生產性政治」創造了管理階層對經營
過程的有效控制，和勞動者對私人權力下
的這種管理方式的不自覺認同。

可以說，美國大規模生產的產業結構和社會
組織的有效性，令其始終充當世界經濟的「領頭
羊」，不僅擊敗了法西斯主義，還遏制了蘇聯模
式的擴張，它在整個世界經濟中的核心位置，確
保了美國的政治、經濟、社會、意識形態的穩定
性和連續性，奠定了新世紀世界資本主義發展的
基礎——一個以美國的制度和觀念為主導的、以
美國模式為向心力的基礎。西方社會學家建議第
三世界應該複製美國價值觀念，依靠美國和西方
的貸款和援助，從而改變第三世界國家的制度。
如此一來，現代化被定義為向美國模式演變的一
種階段性的不可逆轉的長期過程，從而納入資本
主義世界體系的框架中。

嚴格地說，美國資本主義形態進入成熟期，
以及它的重心和權威性廣為世界其他國家所普遍

認同，僅僅只是第二次世界大戰以後的事情。羅
斯福時期實行的「新政」，標誌著第一個將政府
有效干涉與自由市場經濟相結合的資本主義生產
形式及其社會關係的產生，這種獨特的生產形式
及其社會關係使美國的權力政治獲得新的外殼，
它能夠吸收各種民族和文化，包括人才的聚集和
貢獻，還有美國人對制度的信心，最終成爲一種
建立在「後工業社會」、「無階級衝突」、「科學
管理」、「資訊技術」等現代性之上的國家機器
形態。這裏，就資本主義生產形式而言，它需要
大規模生產性經濟與工會及工人之間建立一種相
對和諧的權力——社會關係；從國家體制的運作
來講，需要越來越精細有效且適合所有權與管理
權適當分離的管理方式，以使經濟成長穩定並滋
潤和扶持新的「生產型政治」，以保證大規模生
產所需的利潤和社會穩定；從國際層面看，還需
要不斷增強世界經濟的競爭性和互動性，同時保
持國內經濟的創新性和開放性。可以看出，構成
美國模式的制度背景及其力量來源的，正是越來
越凸顯的逐漸成長的「新資本主義方式」。

　　這種模式的影響力在於把今天的國際關係鎖定在由美國定位的框架內，而美國霸權的前提和基礎，就是這種新資本主義的國家社會結構。因此，出於一種「西方中心主義」的殘餘心態，凡是世界的事務，都與美國有關，凡是美國的好東西，都是世界可適用的，這樣，從美國的價值觀和它的世界利益出發，就需要消除某些人尚存的孤立主義情緒，現實地承擔起世界事務主導權的責任。可見，美國在當代的霸權具有自身的時代特徵，它不止是技術、器物層面的先進性，也不光是在經濟、政治層面的領先性，還包括美國人始終對科技力量和方式的執著，對世界事務的關心和「裁判式」強權，包括它所能夠給予世界其他國家、向其他人提供的東西，以及對所謂「不良國家」的改造修理的能力，這中間既有強硬的實力及其指數，也有無形的價值輻射與歷史遺產。其他國家即使在某一時期顯示出超越美國的態勢，如七〇年代前後的蘇聯，八〇年代左右的日本，以及現在被某些輿論家所渲染的「中國威脅」，但實際上都並不具有美國那種全球性、持

續性和多方位的吸引力。

　　許多跡象表明，第三世界的社會和族群特徵正在滲入美國生活，安排有序的白人社會的範圍正在日益縮小，這種現象源自一種理想的文化多元主義，這種文化允許你去發現你自己、發現你的位置以及你的身分。所以，由不同種族、文化、宗教和道德習慣構成的龐大混合體正在努力奔向一個共同目標，即一種「多中心思想的文明」，這種文明揚棄了過去那種以個別種族為中心的封閉部落心態。美國文化的轉變預示著人類構成的一般趨勢，這就是以歐洲人為中心的美國正在衰落，取而代之的是一個包括美國在內，但又不限於美國的「新太平洋文明」，它藉由最現代化的資訊交流和通訊技術，把歐洲裔、拉丁美洲裔和亞裔文化結合在一起，這是羅馬帝國衰亡以來第一次有可能建立的一種新文明。

　　美國政治學家杭廷頓（Samuel Huntington）因此提出一個新的命題：即今日美國日益混亂，主要在於失去了敵人，沒有敵人即無法塑造國家認同。他在一篇題為〈美國國家利益的蝕壞〉的

文章中指出,「一個國家的利益源自其認同,但
目前由於缺乏一個敵人來宣言美國反對什麼,因
而美國的認同宣告解體。這種認同的瓦解,由於
多元文化主義的興起和美國同化的不振而更被強
化,由於美國缺乏了國家認同,美國的外交政策
只能追求商業或種族的利益,爲了取代這種將國
家資源用到次國家層面的現象,美國必須減少對
世界事務的介入,俾讓一種威脅出現來喚醒我們
國家之目的。」杭廷頓認爲,蘇聯的瓦解提供了
例證,即美蘇均非古典意義的民族國家,它們均
靠意識形態來定義自己,若多元文化盛行而自由
民主共識瓦解,美國就可能步蘇聯之後塵,成爲
歷史上的一團灰燼。他進而指出,雖然沒有了共
產主義,中國仍會是中國,不會因爲缺乏意識形
態就無法繼續存在下去,但美國若沒有了政治理
想和自由信念還能苟存嗎?在冷戰時期,由於有
一個邪惡的帝國在威脅美國的原則,所以那時美
國人民及政府是認同的,冷戰結束反而減弱或改
變了認同。事實是,美國已經由一個「強權的強
權」淪落爲一個「軟弱的強權」,因爲過去是美

國以巨大財力影響世界，而現在則被外國財力所左右。他極力呼喚一種美國式的國家主義，要讓更強的美國國家認同復活。

歷史上，挑戰西方文明的諸多勢力中，包括了日本的法西斯和德國的納粹分子、前蘇聯的史達林主義和中國的民粹主義信徒、以及當今的伊斯蘭極端分子。例如，在二戰時期日本進行的一場「大東亞聖戰」，試圖以此戰爭將亞洲從西方殖民主義下解放出來，並將西方的觀念從亞洲人心中驅逐出去。由於現代文明不過是西方文明的同義語，這場戰爭的目的實際上是爲了「打敗西方文明」，日本軍閥就曾發誓將白人帝國主義分子從亞洲踢出，作爲在亞洲恢復眞正的亞洲人的價值的一個途徑，帶領所有亞洲人進入一個新的大共榮時期。在日本人看來，亞洲人精神的最關鍵因素是自我犧牲，紀律，刻苦和個人服從集體利益，尊敬神聖的領導人，堅信本能優於理性，並最終戰勝美國的物質主義。

德國的國家社會主義者和歐洲的其他法西斯分子也使用了同日本人相似的語言來描述西方文

明。一本關於納粹思想的關鍵著作的標題赫然就是「對西方的戰爭」（The War Against the West）。納粹的理論家和日本軍國主義宣傳家反擊的都是西方思想，他們心中最大的敵人就是：共和國的法國、資本主義的英國和自由主義的美國，而唯一具有足夠的國家主義精神和種族團結性的德國是可以將西方從墮落和腐敗的深淵拯救出來的國家。

與此同時，泛斯拉夫文化也將有著偉大靈魂的俄羅斯同沒有靈魂、使用機械的西方對立起來。他們認為，西方雖然使用機械效率較高，但是，西方人除了會算計什麼有用外，其他什麼也沒有。他們稱頌靈魂和精神，蔑視西方文化知識和理性的生活，並幻想用東方人的觀念抵禦資本主義的干涉和滲透。當列寧主義把斯拉夫民族意識提升為世界共產主義的核心理想時，反擊西方文明便成為紅色帝國主義的鮮明旗幟，而史達林式的政治狂熱在對待工業資本主義的那種表面蔑視實則自卑的感覺，都在這些詞語中表現出來。即本能、大膽、狂妄都被灌注在一種更高層次的

理念：埋葬西方的資本主義世界。

　　二戰中，美國領導的盟國是爲「人類的尊嚴和自由」而戰，但日本在亞洲進行的所謂聖戰卻是以「神聖的正義與和平」的名義進行的。日本戰時首相近衛文麿（Konoe Fumimaro）就說，日本進行戰爭的基本目的就是將世界統一在同一個和平的日本天空下（All the World Under One Japanese Roof）；另外，冷戰時期蘇俄倡導建立的世界共產主義陣營（All the International Communist World）的目標也是要將全世界人民都置於同一個和平的天堂之下。雖然二者表達的方式不同，但他們都有著極相似的千年至福的目標。在當代，伊斯蘭極端分子則是希望在消滅異教徒之後，將整個世界統一在伊斯蘭兄弟（The Brotherhood of Islam）的同一天空下，即建立在共同信仰、種族血親或者對其他某種更深的感情上。當宗教和政治攪合在一起，以神聖和正義的名義將整個世界，或者至少將它的一大部分包括起來，便成爲一切仇恨西方文明者的共同理想。

　　顯然，美國在解決了二十世紀的諸多問題之

後,將要面對更為複雜的新世紀難題。因此,美
國學界提出了「單極穩定論」、「善意霸權論」
等理論,做為應對之策。「單極穩定論」的含義
是,處於領導地位的核心國越強大,國際秩序就
越穩定,其依據就是「民主國家不會相互作
戰」。這樣,由美國優勢所確定的不對抗格局,
將造成相當嚴格且難以動搖的國際關係結構。
「善意的霸權論」則意味,只要證明領導國的行
為是非侵略的、善意的、帶來福祉的,那麼它的
核心地位就可以被世界所接受,民主價值觀和自
由價值觀也會產生廣泛的文化影響。那麼,美國
用什麼工具來達到自己的目的呢?前國務卿奧爾
布萊特說得明白:「一個簡單的邏輯,經濟刺
激,技術援助,新的協定,交換資訊,使用暴
力,制裁威脅,以及上列種種的任何結合。」但
是,美國決策者構想的未來願景越是使人們感到
受約制,人們便越是傾向於反對這種新的世界秩
序。

第三節　經濟全球化的衝擊波

作爲一個概念，全球化（globalization）既是指世界的壓縮，又是指世界做爲一個整體意識的增強。實際上，全球化概念所包含的那些過程和行爲在多個世紀裏一直發生著，只不過，人們如今關注的全球化是與現代性（modernity）的輪廓和性質緊密聯繫在一起的，因而具有其特定內涵。

按照布熱津斯基的說法，全球化是與「共產主義大潰敗」聯繫在一起的，即美國的決策者實際是把全球化理論和現代化理論看作可以一勞永逸地解絕不穩定和防止第三世界的共產主義威脅的辦法。帕森斯也認爲，正是透過共產主義的集體主義與資本主義的個人主義的某種趨同，我們才可以實現冷戰的超越，像「民主社會主義」和「民主資本主義」就構成了可供選擇的接受現代性的形式，我們可以將這種有關於整體世界的具體結構和與發展的場景稱之爲「混合文化」（con cultural）。

進入二十一世紀以來，不同國家不同民族的話語中已經不知不覺地用「全球化」置換「民族化」，使其又成爲一個新的神話。其表現是人們比以往任何時候都更加堅信，市場經濟全球化或一體化的洪流已如排山倒海，不可抗阻。然而問題往往由此產生，即人類對市場經濟作爲生產資源配置之有效方式和作爲商品流通之普遍形式的確信，是否意味著人類同時也必然去信奉並接受一個存在著不平等關係的全球經濟體系？這樣，人們所倡導的全球化理念，究竟是一個以經濟一體化表象掩蓋著的政治陷阱，還是一個現代性極強的象徵人類共同趨勢的價值術語，則不得而知。

然而，全球化的穿透力卻是如此強大，它作爲不可遏止的技術和經濟進步的必然結果，藉由高科技的資訊交往，低廉的運輸成本，沒有國界的自由貿易，正在把世界融合爲一個唯一的大市場，人們在盡情享受「全球漫遊」、「電子商務」的方便快捷時，眞的感到世界變得越來越小，人

們之間的距離也變得越來越近。特別是隨著經濟
全球化與文化全球化浪潮的匯合,所向披靡的迪
斯尼和好萊塢文化,可口可樂和麥當勞所代表的
快速簡捷的飲食文化,以及自由、民主、平等為
核心理念的政治文化,正在向世界各個角落傳播
和擴散。這一切究竟是象徵了世界的單極化趨勢
還是體現了世界的多極化特徵,仍然不得而知。

　　市場經濟的魔力在於它只遵循「叢林規
則」,並推動市場的資本只以利潤為目標,資本
的擁有量和使用方式實際決定著進入市場各方所
處地位和可能結果,這樣使得資本投入本身就具
有權力性質。所以,經濟自由主義把「非調控
化」、「市場自由化」和「私有化」當做經濟一
體化的三件法寶時,全球化也被看成世界市場力
量的解放,最終將從經濟上使國家失去權力。這
對於大多數國家甚至包括歐洲工業國家來說,全
球化是一個被迫的過程,也是無法擺脫的過程。
但對於美國來說,卻是它的經濟精英和政治精英
有意識地推動並維持的過程,因為在經濟政策、
貿易政策、社會政策、金融政策和貨幣政策方

面，最後還是華盛頓為全球化制定規則。美國在全球積極推行貿易與投資自由的政策，把全球化的主流價值歸結為自由化，並越來越注重利用金融及其衍生物這一新的投機方式來獲取更多的財富。據分析，在亞洲金融危機過後，這一地區的資產「縮水」達50%以上，其中有近萬億美元流入美國。

有人認為，全球化是資本主義化，也是永恒的，在未來的經濟一體化過程，受益最大的還是美國和歐洲這些資本雄厚的工業資本主義國家，因此，必須重建金融及經濟安全體系，其中包括反思國際經濟遊戲規則的公正性與合理性，否則，全球化必然帶來新的資本主義危機。像華倫斯坦就提出，我們並不是生活在一個現代化的世界，而是生活在一個資本主義化的世界，因為任何經濟成分都毫無例外地遵循著資本主義的邏輯。美國學者德里克也認為，資本主義自形成之日起，就把歐洲中心主義植入其敘事結構了，這足以說明，在失去對資本主義世界經濟的統治地位之後，歐洲和美國的文化價值何以仍然「能夠

保持其統治地位」。

　　現代化是一個以經濟、技術爲主軸的社會結構各個方面和環節的變遷過程中，包括經濟領域的工業化、技術領域的理性化、政治體制的民主化、社會生活都市化、大衆生活世俗化、價值觀念個體化等等，即韋伯說的生活「合理化」過程。然而，在全球化的背景下，現代性能否等同於資本主義，仍然使很多人產生質疑，因爲反抗資本主義的那些因素，也存在於現代性的方案中，這從韋伯的社會學理論中也能看到。全球化趨勢雖然導致了更多國家和地區中資本主義現代性的發生，同時也促進了一些非資本主義意識形態的發生，它們從資本主義中心或邊緣地帶慢慢滋生出來，並營造自己的理想烏托邦。可見，全球化並不意味著大同世界的到來，而只是將人類引入一個更加多樣化的世界。

　　榮獲過物理諾貝爾獎的美國學者溫伯格（S. Weinberg）曾在《大西洋月刊》新千年一月號上撰文，認爲今後會有五種非社會主義類型的烏托邦在公開辯論中出現，它們是：自由市場烏托

邦、精英烏托邦、宗教烏托邦、綠色烏托邦、技術烏托邦。而文明平等的資本主義卻僅僅是半個烏托邦。他認為,在人類進入千禧年的時候,開始思考何種類型的烏托邦或反烏托邦可能在未來等候我們這是自然而然的,而每種這樣的幻想都放棄了一個或更多的宏大目標,即人類追求平等、自由以及生活和工作質量。

一、自由市場烏托邦

主張這種觀念的人們認為,自由企業的政府障礙正在消失,政府喪失了其大部分職能。這種烏托邦具有的優勢是不依賴於任何假定的人性改善,但人們並不喜歡它,因為除非政府對自由市場進行干預,否則人們很難看到平等,處於經濟最底層的人們也無法獲得一張安全網。自由市場烏托邦強調平等主義是因共產主義失敗而最喪失信譽的烏托邦思想的一個方面,所以任何主張更平等地分配財富的人,都有可能被指控復活階級鬥爭。經濟學家也支援自由市場烏托邦,認為僅僅不同食品的不平等價格,就有助於把農業資源

合理配置，以生產人們想吃的東西，所以勞動力
和資本的不平等報償可能有助於引導人們從事具
有最大經濟價值的投資。但對於許多美國人來
說，自由市場烏托邦是個陷阱，因為專制的危機
並不在於政府，而是在於雇主、保險公司或健康
維護組織，他們需要政府保護從而不受這些人和
機構的侵害。

二、精英烏托邦

　　信奉這種觀念的人們，把柏拉圖的幻想做為
依據，即公眾事務被置於一個明智而有教養的領
導人階級之手。像新加坡前總理李光耀就說，只
有一個由處於社會最高層的3％至5％的成員組成
的精英集團，才能有效地處理公共問題，他試圖
以此論證「亞洲模式」的有效性，但在東亞經濟
出現衰退以後，證明他的說法是相當令人懷疑
的。精英烏托邦強調權力集中在精英手中是安全
的，並試圖讓人們相信由精英組成的政府是有效
的和熱心公益的，然而，獨裁政府在經濟上的表
現一般說來並不優於民主政府，許多獨裁政府所

冒的經濟災難風險事實上更大，同時，這種政府
具有使其公民變成依附者的影響力。所以多數人
認為，權力在任何精英手中都是不安全的，人們
能夠希望的最佳狀況是，權力廣泛地分布於許多
彼此衝突的政府和私人機構中間，任何一個這樣
的機構都可能成為反對其他機構侵害的同盟者。

三、宗教烏托邦

相信這種前景的人們看到，宗教復興正在席
捲全球，使始於啓蒙運動的社會世俗化發生逆
轉，許多國家追隨伊朗的榜樣，接受宗教領袖作
為其統治者。但是，在那些復興宗教的國家中，
人們已經體驗到以宗教統一為基礎的烏托邦像什
麼的味道，在這些國家，婦女自由受到嚴格限
制，兒童接受聖戰宣傳。宗教烏托邦強調信仰能
提高社會道德水準，並能夠威脅在來世以及今世
進行懲罰。對此，虔誠的信徒可能認為，造成相
互損害的不是宗教本身，而是濫用宗教的結果。
但是，在所有可能壓迫人們的精英集團中，最危
險的是打著宗教旗號的精英集團，因為宗教戰爭

和宗教迫害在歷史上始終處於宗教生活的中心。
雖然在理性人道主義的傳播中，也影響到宗教信
仰，導致宗教寬容的出現，但並非是宗教改善了
人們的道德觀念，而是人們的道德價值觀念的純
粹世俗化改善了宗教在各地的實踐方式。正因爲
如此，宗教的原教旨主義演繹出更爲激烈的暴力
主張，成爲當代恐怖主義滋生的溫床。

四、綠色烏托邦

　　這也是綠色和平主義者倡導的一種觀念，即
世界正在厭惡工業主義，所以要恢復更簡樸的生
活方式，小型社區種植其自己生產的糧食，人們
用其自己的雙手建造住房並製造家俱。這仿佛是
文學作品中最經常出現的那種烏托邦的描繪。綠
色烏托邦強調地球是一個龐大的自我調節有機
體，其中，整個生命物質系列均爲自己的生存界
定條件，所以必須藉由急劇減少地球人口來恢復
過去的自然環境，同時也要保持技術的益處，然
而人們得出的印象是，這種措施對所有那些因爲
不准出生而不能享受烏托邦的人來說似乎是冷酷

的，同樣，設想一個非技術的烏托邦能夠養活與
目前同樣多的人口，也是極其荒唐的，因爲沒有
現代的工業企業，就無法爲那些以手工不能完成
的必要勞動提供足夠的力量，人類只能回到原始
農業時代。

五、技術烏托邦

迷信技術萬能的人們強調，資訊處理技術、
機器人技術、合成材料和生物技術的發展所增加
的生產能力是如此之大，以致財富分配問題變得
無關緊要。這顯然是一種誇大人們生活被技術改
變的速度的傾向，技術必將使我們的生活發生重
大變化，也無疑會提供破壞我們所生活的環境的
力量。這是事實，但技術烏托邦想像未來的工作
問題人們將可自行解決，甚至在技術帶來普遍富
裕之後，人人都可成爲藝術家。它忽略了一個基
本的事實，即技術創造了更好的職位，從汽車技
工到宇航員，可是卻不能保證技術進步將爲所有
人提供他們喜歡做的工作，而在短期內，技術進
步將使低收入雇員變成失業者。信奉技術烏托邦

的人們嚮往一個透過技術實現統一世界的前景，
包括沒有國界，只存在一個強大的世界政府和一
種單一落千的世界語言，以及彼此可以自由匯兌
的貨幣。但是，人們不免感到，這樣一種走向世
界統一的步驟會使一切處於危險之中，進而會造
成人類精神文化的自我毀滅。

　　至於資本主義的烏托邦，看上去是樸實而簡
明的，它取決於男男女女們是否將對一種由愛
情、工作、福利、自由和平等構成的個人主義生
活感到滿足，因而只能是半個烏托邦。不過，資
本主義的烏托邦或許有一天會在太陽系殖民化方
面發現一種更好的共同事業，但這是遙遙無期的
事情，而且，即使在那時，大多數人仍將留在地
球上。

第四節　跨國文化帶來的思想交流

　　早在二十世紀初期，德國哲學家史賓格勒
（O. Spengler）就預言西方的沒落，他寫道：

「托勒密式的歷史體系是對歐洲人眼中的歷史圖景的最恰當命名，在這一體系中，諸多偉大的文化都被設定在環繞著西方文化的軌道上運行，我們則是假想的世界萬事萬物的中心。」史賓格勒認為，帝國主義是不折不扣的文明，西方的命運正不可避免地陷入這種形式之中。工業化也一樣，在經歷了輝煌的開端之後，業已成為一種災難，機器工業的經濟強迫工人服從，它對於企業家的力量也毫不遜色，雙方都變成了奴隸，誰也不是機器的主人。西方的工業改變了其他文化傳統的走向，經濟生活的潮流沖向各種原生資源的廣大地區，自然日益枯竭，地球為浮士德式的思維做出了犧牲。很顯然，史賓格勒是惡的預言，他預言西方的沒落，所根據的是工業資本主義的經濟矛盾和社會矛盾，認為這是由定數的命運決定。然而，史賓格勒的著作卻變成了國家社會主義的一本先驅著作，納粹運動的領袖們也藉此宣揚日爾曼族征服世界。

　　粗略地說，人類文明整體是建立在知識、技術、制度、宗教、思想的許多不同層面之上。但

是，文明的概念實際表達了西方國家的自我意
識，他們傳統的民族自我意識和共同的理想中總
是習慣於把西方文明和文化視爲全人類的最高價
值，並常常被用來證明本民族對其他民族的統治
要求。從十九世紀末開始，西方的軍事、技術和
思想逐漸向全世界擴張，其影響範圍包括東正教
國家、伊斯蘭國家，以及象徵亞洲軸心的儒教文
明、印度教文明和佛教文明，還有非洲文明，這
些擴張可以看成是近代全球化的第一次浪潮。到
了二十世紀末，這種全球化已達到前所未有的規
模，其間，共產主義運動和法西斯主義運動構成
了現代性的兩種不同的變異模式，由於這些變異
模式發展出來的多種多樣的文化象徵一直是與國
內衝突和對抗交織在一起，而這又陷入資本主義
體系的發展和政治領域不斷增強的民主化要求所
引起的矛盾和緊張之中，使得暴力、戰爭和恐怖
主義都被意識形態化了。同時，世界資本主義力
量的自主性運動也出現了一些難以解決的社會問
題，從而削弱民族國家對其經濟和政治事務的控
制能力。

雅斯培（Karl Jaspers）在《歷史的起源與目標》一書中強調一種歷史觀，即真正有意義的人類歷史有一個共同的起源，即「軸心文明」，原來的各種文明遵循不同世界途徑發展，造成紛爭熙攘的多元世界，但今後人類歷史又必將逐步趨向同一目標。這種從合到分、從分到合的基本理念，可以稱為「紡綞型史觀」。若沿著雅斯培的理路推論，西方理想中的未來文明是在全球秩序中，使經濟成長的吸引與軍事力量的威儡相輔而行，同時又必須倚賴制度才能運作，像人們熟知的民主、法治、人權等皆是構成此制度的要素，其背後還隱含代議制、司法獨立、民族自決、資本主義等等現實安排在內。如果秩序要獲得正當性與認同性，自然還得有賴精神與理念因素的支援，那就是人類歷史的共同目標，它背後也有一整套密切相關的理念，包括競爭與創新精神，由此激發不斷進步以及個人自然權利之伸張。統而言之，這一切都將成為「新軸心文明」，成為二十一世紀文明的精神內核。然而，新一代軸心文明的主導精神會成為人類共同歷史的目標嗎？

　　顯而易見，這又涉及到資本主義的前途與命運的問題。悲觀論者認為，資本主義將在2050年成為過去，理由是資本主義本身可能隱伏了其自我結束的因數。其一是不平等的地域轉嫁問題，資本主義創造財富的高效率是基於自由競爭，競爭必然造成了人的不平等，為了維持本國社會穩定，又必須以種種社會政策來削弱競爭力，這樣，將生產轉移到先進地區以外，也就是將不平等的壓力轉移到不發達地區；其二是競爭導致壟斷的問題，二十世紀最後十年間，兼併的頻率、規模、範圍都達到前所未有的程度，特別是交通、運輸、通訊、電腦等方面的飛速發展，使得操縱數十萬到數百萬人的全球商業和產業王國不但可行，而且有高效率。這樣，地域轉嫁和壟斷膨脹將孕育新的災難。樂觀者則認為，在競爭機制的壓力之下，所有的社會都會漸漸趨向平等，雖然文化的優勢或工業化政策並不能避免自由市場的競爭，但所有的社會或早或晚都將達到一個標準，這是普遍發生和不可改變的，無論對於霸權力量，還是對一般意義的資本主義，均

是如此。這樣，一個民主世界的理性原則體現了一種預先確立的、抽象的原則性契約，這是一切具體共識和妥協的基礎，因為在不同領域裏，以「技術統治」為特徵的理性主義的世俗方案一直都在加強，而存在著多元差異的人類共同體已經不能以民族認同來維繫。

由於今天的跨國資本主義產生的偏見又重現於民族國家的記憶中，無論傳統的右派，還是老式的左派，對這一史無前例的全球資本主義風暴都無力回應，因為文明不僅只是信仰體系，而且還是權力系統。現在正處於軍事、經濟和政治的顛峰時期的西方，能夠在聯合國或國際貨幣基金組織的名義下處理這個星球上發生的一切事務，「世界統一體」這個詞已經變為一個委婉的集體名詞，它賦予反映美國和西方利益的行為以全球合法性。本來，民族國家在傳統上是自治的工具，但它將發現自己越來越不能對支配其人民命運的經濟力量施加影響，國家主權受到跨國界的資本、商品和資訊的流動，世界金融市場的一體化，以及工業生產的跨國性的腐蝕的影響，同

時，國家主權還受到重生的、渴望自主和自治的
「亞民族組織」的挑戰，隨著有效主權的逐漸喪
失，民族國家將失去原有的政治涵義。

尤其重要的是，隨著原有的民族國家的核心
意識形態受到削弱，一些嶄新的政治、社會和文
明觀念、以及集體價值觀也發展起來。像「民族」
（nation）的集體身分的含義已發生重要變化，這
種集體身分原來強調的是一個民族起源的自然屬
性特徵，如祖先、血緣、語言等等，現在所強調
的則是努力獲得的特定質素，如政治架構、社會
價值和規範、文化共同理念等等。這樣，民族國
家的主權不是指基於血緣和生活方式一致的同一
集體意志，而是指相互平等過程中所達成的共
識。這些新的觀念和認同形態透過各種新型的社
會運動而得到廣泛傳播，這種轉移既發生在資本
主義國家，也發生在前社會主義國家，甚至包括
那些追求特殊利益的原教旨主義運動。那些一直
受到壓制的集體認同形式，如族群的、地區的、
本土的認同形式，開始紛紛進入各自社會的中
心，文化的地緣特徵開始超過民族國家的經典模

式。

在這些國家的不同歷史文化背景中，有一個經常重複的主題，那就是，在他們對傳統生活方式稱頌的背後是他們對大眾進行控制的欲望。例如，一個遙遠的山村青年受到環境所迫，或者迫切希望在一個更加開闊、更加富裕的世界尋找新的生活而來到大城市，結果卻發現自己陷入了孤獨、漂泊無依的境地，受到貧窮的困擾，最終淪為罪犯或者妓女。於是，他／她開始用暴力對這個傲慢、冷漠而陌生的城市社會進行報復。他們由此確信自己的種族和文化精神是清純的，而西方文化的影響則導致心理混亂和精神腐敗。

實際上，在當今的生活中，人們甚至不需要到城市中去，透過廣告、電視、流行音樂或者錄影帶，就可以感覺到城市生活的無處不在。然而，原教旨主義對西方社會尋歡作樂場所的瞭解實際上是很有限的，因為在大家都可以無名無姓般地生活的大都市，私生活和公共生活的分離已經使虛偽成為可能。但對他們來說，看看阿富汗首都喀布爾就已經足夠了──喀布爾充斥著西

方文明的種種罪惡，明顯的例證就是大街小巷到處是不戴面紗的女學生和婦女，她們污染了公共環境，同民族的虔信誠實精神和清純生活形成鮮明對比。當必須恢復純潔時，那些從外國來的東西就必須從本土清除。

在根源上，大部分宗教，特別是一神教都存在孕育反西方毒素的可能性。世俗法西斯主義的種種變種在所有的文明中也都可能產生。自從911事件以來，這個問題再次被人們提起，因為對伊斯蘭的極端分子來說，昔日日本、德國、蘇俄以及中國眼中的西方敵人的特徵是那麼似曾相識。這些特徵包括：實利主義、自由主義、資本主義、理性主義，以及道德上的敗壞和墮落等等。這樣，現代西方文明代表了對很多人來說可望而不可及的令人眩目的東西。它既代表西方社會的傲慢，也代表了它的淫蕩——以曼哈頓的摩天大廈作為偶像，它也因此激起人們的渴望、羨慕和有時是狂亂的憤怒。

顯然，在當代世界，文化交融已經變得至關重要，它作為文明中最有生氣的部分，超出了技

術本身的活力，甚至成爲新的「地緣經濟學」的
先驅力量。因爲當代生活的流動性增強了；因爲
觀念、資訊、商品和人員有了穿越國界的便利；
因爲商業和文化的普遍的瓦解作用；因爲人類文
化的一切典型產物的結合與再結合，表明著人們
所處的時代是一個極具創造力的時代。所以，新
資本主義的邏輯把文化看成是理解時代特性的主
要手段。然而，這種文化既不是區分多種文明的
界碑，也不是識別生產效率的編碼，而是資本主
義新階段製造出來的「非凡的法衣」，它同經濟
自身一同不斷擴張，並第一次眞正像行星般在全
球周遊。跨國交流的擴大，與其說是受到多種文
化動因的制約，不如說是被某種決定了生產和消
費方向的單一文化因素所左右，這種所謂單一的
文化因素，正是與後工業社會相隨的「後現代主
義」。

　　後現代是一種文化要素，而非一個完整的系
統，它可以容納那些殘存的或反對它的種種形
式。由於沒有新的集體勞工力量及其文化形式能
在國際範圍形成與全球資本主義爭奪霸權的勢

力，所以到了新資本主義階段，後現代主義也成
了一種真實的表述。由後現代性所蘊含的資本主
義空間的重大擴張也意味著這一點。無論是特定
社會中的高級藝術與思想集合的文化，還是普遍
存在於日常生活和同一社會的文化慣例，都要被
打上後現代主義的烙印。隨著人們創造並出售產
品和服務、採用新的語言和服裝樣式、組成家庭
並選擇居住城鎮、做出醫療決定並尋求精神頓
悟、探索宇宙並發現新的藝術形式，這些行動本
身就預示著一種文明的趨向，預示著一種充滿活
力但不穩定的未來。

第五節　和平理念與人類價值
　　　　的同構

　　在新的千禧年開始的時候，人們對未來政治
的展望通常是各有所倚重，像媒體發展、財富成
長、文明差異、社會轉型、政治空間拓展等等，
都可以成為種種預見的分析視角，比如從媒體技
術的更新和突破中，得出未來將形成以技術統治

為基礎的新的世界秩序；從財富成長與政治發展的相關性的推論中，得出未來社會將是一個日趨自由的世界；從國際政治領域的暴力對抗以及非對抗行為背後的民族情緒、大眾心理、文化特質、宗教基礎等方面分析中，得出國際社會將受制於文明衝突等等，這些都為認識冷戰結束以來的社會變化提供了新的向量。

如何認識進入二十一世紀的世界形勢，比較具代表性的意見有兩種：一種是弗朗西斯·福山（Francis Fukugama）的看法，強調由於普遍的富裕和資訊技術的發展，世界將進入一個和平時期，即在下一個世紀，整個世界將會類似於西方民主國家，他以現代性的意識形態為前提，指出歷史連同其生命的內在張力和矛盾，均已經失去意義，這就是「歷史終結論」；另一種是塞謬爾·杭廷頓（Samuel Huntington）的看法，即意識形態的衝突將讓位於更危險的各種文明之間的衝突，西方的民主不是普遍的模式，也不會在全球傳播，理據是西方文明與伊斯蘭及儒家文明還在對抗，原教旨主義、反現代和反西方的運動在

這些文明內部仍居於主導地位，這就是「文明衝突論」。這兩種看法的分歧，主要是圍繞世界究竟是以文化多元和政治多極，還是文化趨同和制度趨同這樣的問題，實際涉及到如何看待文明的軸心化和非軸心化的過程。

　　前一種觀念認為，歷史有兩部發動機，即技術進步和「爭取得到承認」的願望。蒸汽機和工業使帶有專制傾向、集中和等級的政治制度變得有必要存在下去；相反，要求具有靈活性的資訊技術和服務經濟則促進了民主制度和自我意識的表述。所以，自由的民主的制度乃是一種可使人們獲得充分承認的制度，也是任何人或團體具有的要使自己的尊嚴得到他人承認的欲望得以滿足的基礎。在二十世紀，西方民主制遇到了法西斯主義和共產主義這兩個對手，並在同這兩個對手的較量中取得了勝利。但在蘇聯集團垮臺之後，新的對手又出現了，這就是原教旨主義和民族主義，原教旨主義對自由主義社會的精神缺陷試圖作出一種虛幻的答覆，而民族主義只是受侮辱民族作出的一種表面和膚淺的反應，它們都沒有自

己的政治綱領。由此得出的結論是，經濟的繁榮即使不能自動地導致民主制，至少也能爲民主制度提供保障。所以，全球資本主義同冷戰結束和西方獲勝是一致的，今後，世界將透過經濟的繁榮和價值觀的普遍西方化而走向和平。

後一種觀念則認爲，歷史的發動機不再是階級鬥爭，甚至不再是國家之間的競爭和爭奪，而是各種文明之間的差異。屬於不同文化範圍的各個民族之間發生衝突，正是爲了擴大自己的支配權，因爲強者總是迫使所有受支配的人們接受他們的價值觀。現在的情況是，西方文明視爲世界性的東西，其他文明則視爲帝國主義，就反映出這種文化的差異。雖然其他文明也開始了現代化進程，但並不意味著它們將遵循西方文明的道路，相反地，現代化導致的一些挫折、失望和同一性危機，使宗教得到復興，並相信本土化價值可以解決這些難題。西方文明連同其唯物和世俗的價值觀卻被視爲陪襯。所以，從長遠來看，西方文明的衰落是必然的，因爲它並不想打算像其他文明那樣捍衛自己文明的特殊性，多元主義的

問世也使西方文明從內部受到侵犯和破壞。

　　可以看出,雖然二者都是從當代經濟活動的國際化過程入手,強調全球化將使各國政治經濟受同一機制的支配,並在貿易自由化、金融國際化、生產一體化等趨勢上表現出來。但是,對於那些歷史傳統中有過痛苦記憶的民族來說,資本主義意味著十六世紀起西方開始的全球性擴張,而這種擴張大都藉著清晰明確的名義,如傳教、殖民主義、捍衛國家利益等等,赤裸裸地以武力方式進行;對於那些曾幻想建立天堂平等的國家來說,資本主義的標準教條一直是有錢人和特權分子受到政府保護,免受市場規律的衝擊,窮人和弱者則必須接受這個規律,以使他們能夠有效地進行控制和剝削。因此,無論是原教旨主義運動,還是後共產主義運動,均按現代性的話語來表述和宣揚其獨特的理想,它們希望透過有意識的人類行動,來確定一種新的個體與集體身分,從而拒絕西方式的自由民主價值,並重新淹沒在全控的共同體中,顯然,這代表了另一種文明的趨向。

在關涉到全球化趨勢的各種可能性時，布熱津斯基認爲，二十世紀是一個「大死亡」的世紀，而這都是源於十九世紀的三個相關聯的巨大力量：(1)識字的普及；(2)工業革命；(3)城市化。這些一般被公認爲進步的標誌，使民族主義、理想主義和現世主義沆瀣一氣，並經過法國大革命的催化又產生了沙文主義、帝國主義、極權主義和烏托邦主義，這些現象最初都發生在十八世紀的歐洲，經過十九世紀的醞釀，使公然宣告「上帝死了」的歐洲成爲二十世紀罪惡的淵藪。他指出，工業革命促使人類向自然界統治生命的挑戰能力有了量的飛躍，而現世主義越來越把注意力集中到塵世生存的中心地位，提高人的凡胎肉身而貶低人的精神價值，相信工具理性可以指導政治行爲，沒有上帝也可以達成目標，結果二十世紀成了空前地致力於建立全面控制的時代，並出現了空前的大悲劇。

布熱津斯基認爲，隨著世界人口的成長，財富分配不平等的現象更爲顯著，生態問題也將威脅到全人類的生存，這樣的結果將導致種族、宗

教、文化的進一步衝突，像信徒超過十億之眾的
伊斯蘭社會已經明確表示要反對這種「邪惡的現
代化」。他指出，全球化角逐必然是以強凌弱的
征服，而勞動市場的全球化正在迫使大量的生產
者變成棋盤上「閑著的棋子」。所以，儘管分歧
在全球普遍存在，但隨著人們逐漸認識到自然資
源的有限性和世界生態系統的脆弱性，一種共同
命運感將在全球萌生，這種認識會在一定程度上
抵消全球範圍內人們觀念的極化傾向，至少為爭
取某些有限的聯合行動奠定了基礎。布熱津斯基
用美國式的幽默將這個「新的文明」比喻為「奶
樂文明」（tittyainment culture），即「充足的食物」
（來源於「奶頭」tits）加「充分的娛樂」（原意
為「自娛」entertainment）的未來文明。可是，
有誰又能提供足以餵養幾十億人口而不是幾十萬
超級富豪的「奶頭」？

　　顯然，新技術可望在未來能實現這一宏大目
標，解決人類生存和精神滿足的難題，但人的天
性也可能被某種東西取代。如當代的技術進步表
明，不安的小男孩大量服用利他林（Ritaline）

可以變得差不多像小姑娘一樣乖巧，而一種名叫
Prozac的藥物則可以消除婦女的消沉情緒，使她
們變得像小夥子一樣好鬥。但是，科技卻無法解
決由那些懷舊的枉顧的社群主義帶來的問題，像
異化、失序和失常，以及共同體的喪失、家庭的
衰落等等。

　　實際上，當絕大部分重要生物的基因譜已經
貯存在資料庫中，當每一個人的遺傳基因、生活
經歷、就業歷史乃至所需應用的知識、資料、娛
樂和性都貯存在電腦中並透過寬頻網路與全世界
相聯時，個人的自由空間到底有多大呢？「自由」
這一觀念除了選擇個人品味和生活方式之外，還
有任何意義嗎？所以人類對生存自身的關注已經
越來越重要，整個人類的最大利益也成為未來社
會必須面對的一個主題。

　　對於非西方世界來說，西方文明是一個對資
本主義形象和觀念的集合。它具有至少如下四個
特徵：城市化、小資產者、理性主義，和女權主
義。而這每個特徵均包含有一系列特性，例如：
傲慢、軟弱、貪婪、腐化、墮落等等。因此，反

擊西方文明幾乎不可避免地包含著對現代性的深切痛恨，即城市文明所代表的所有東西，包括商業、人口混雜、藝術自由、性放縱、對科學的追求、個人安全、財富和與之俱來的權力等。這些西方文化的特徵可以擴大到一個國家，甚至引伸為一個世界強權。

其實，在那些威脅物種的現象中，生態災難、愛滋病和核戰爭等等，其中每一個內容都是真正的全球性問題。即使那些各國都在關注的社會公正問題，透過科技與教育的發展，公共生活的世俗化和權力結構的合理化，職業專業化設施的增加，以功祿標準代替天賦原則，更公正地分配物質的和象徵的資源等等，都可以得到解決。但是，像恐怖主義引發戰爭衝突這些問題，則必須依賴全人類的諒解與合作。事實上，不斷推陳出新的技術發明一方面豐富了人類生活，另一方面也把人類帶入毀滅的深淵，兩次世界大戰和全球冷戰，曾驅使多少傑出的科學家投入毀滅而非改善人類生活的領域？人類因戰爭又投入了多少人力和財富的犧牲？除非人類能改變好鬥和抗爭

的本性，否則，在一個充滿衝突的世界上唯一能
實現有限和平的途徑是使戰爭無利可圖。

　　在一個並不穩定的世界裏，人們嚮往那些關
於和平的神話。第一個神話是說，消滅核武器或
削減軍備能產生完美的和平，但是人們卻始終無
法做到這一點，並且還有繼續擴充的危險，所
以，目標中只能做到防止任何國家去濫用它們；
第二個神話是說，建立一個國際權威組織就能產
生完美的和平，過去，透過聯合國組織來保障全
球集體安全的目標是崇高的，但實際效果並不
大，因爲沒有任何國家會永遠讓一個國際組織來
決定與它們的切身利益有關係的事務；第三個神
話是說，貿易往來能自然而然地產生和平，其
實，從戰爭的動機看來，當從事侵略的國家認爲
它們從戰爭中取得的好處比從和平貿易取得的利
潤更大時，就會去冒險，所以貿易並不一定能產
生和平，但貿易可以成爲和平的獎賞；第四個神
話是說，文化交流可以消除國與國之間的衝突，
實際上，意識形態、文化制度、宗教信仰等一直
都是導致戰爭的最主要因素，尤其在人民並不掌

握國家主權的時候，所以，只有當人類價值中的自由、民主、人權、社會公正、種族和諧等普世化原則都被雙方認同時，才可能成為規避戰爭、制衡暴力的有效因素。

　　對於穆斯林極端分子來說，不管猶太人幹了什麼，他們始終是外來者，而美國更是不共戴天的敵人。這樣，911攻擊便成了對美國世俗罪惡──墮胎、女權、同性戀、個人價值等等的懲罰。攻擊的目標是經過精心挑選的──曼哈頓的那座古巴比倫通天塔式的摩天大廈是對他們基本教義的一個挑釁，因此必須予以摧毀。在這些自由和城市文明的痛恨者眼中看來，對美國進行攻擊只是為了顯示，美國這個西方文明的典型不過是隻「紙老虎」。藉由這些對傲慢的美國「以行動來進行宣傳」的作法，將參與聖戰的各種力量聯合起來，呈現的是，信奉異教的男男女女不僅隨意被處死，並且攻擊者自己不受懲罰。

　　在一定程度上，戰爭的實質在於制度的競爭，而不在於人口、土地、資源的競爭，這多少有些切合中國人講的「得道多助，失道寡助」的

涵義。過去，戰爭是以掠奪土地、財富，並以消滅人的肉身、思想為目標，在當代，這種戰爭的動機則顯得太陳舊，而且制度和思想的征服也無法單純依靠暴力來實現。進一步來講，人類除了具有異質性和排他性以外，也蘊含著導致文化融合的普同性和包容性，這些普同性和包容性也能為人類生存價值與和平理念的契合提供理性的基礎。從這個意義講，法西斯主義和恐怖主義都只能仰仗暴力而生存，自由主義和理性主義也只能透過和平求發展。由於當代威脅人們生存的各種恐怖組織繼續挑戰人類共同價值，這個歷史的悖論將在二十一世紀的政治格局中再現。

　　對人類和平的前景持樂觀態度，有三個深刻的原因：一是當前沒有任何政治目標值得任何大國之間進行一場全面戰爭；二是世界的日益繁榮為和平提供了較為穩定的基礎；三是社會全方位進步的潮流為和平創造了空前的機會和共識。雖然說，透過一種信仰來改變人性的夢想只是誇大了科學的能力，但人們面對的生活仍將和原來一樣是艱難的，充滿著未知的東西，並且是自足

的。可是，當人們對賦予他們的世界和生活意義
的理念失去信心的時候，他們所屬的文明便開始
死亡。

新資本主義　　　　　　　　　文化手邊冊 60

著　　　者☞郭洪紀

出 版 者☞揚智文化事業股份有限公司

發 行 人☞葉忠賢

登 記 證☞局版北市業字第 1117 號

地　　　址☞台北市新生南路三段 88 號 5 樓之 6

電　　　話☞(02)23660309　23660313

傳　　　真☞(02)3660310

郵政劃撥☞14534976

戶　　　名☞揚智文化事業股份有限公司

印　　　刷☞偉勵彩色印刷股份有限公司

法律顧問☞北辰著作權事務所　蕭雄淋律師

初版一刷☞2002 年 8 月

定　　　價☞新台幣 200 元

I S B N☞957-818-406-9

E-mail☞book3@ycrc.com.tw

網　　　址☞http://www.ycrc.com.tw

國家圖書館出版品預行編目資料

新資本主義=New Capitalism／郭洪紀著.
-- 初版. -- 臺北市：揚智文化, 2002[民 91]
面；公分. --（文化手邊冊；60）
參考書目：面
ISBN 957-818-406-9（平裝）

　1. 資本主義

550.1874　　　　　　　　　　91008673